だいわ文庫

銀座No.1ホステスの上品な好かれ方

水希

大和書房

はじめに――実は、私もまったくモテませんでした

はじめまして。数ある本の中からこの本を手にとってくださって、ありがとうございます。

私がこの本でお話しすることは、恋愛がなぜかいつもうまくいかないという、ごく普通の女性が、「愛される女」に変身する方法です。誰にでもできますし、すでに自信を失っている、あるいはどこかあきらめている、そういうあなたにぴったりの方法です。

何も難しいことはありません。安心して読み進めてくださいね。

私がなぜ絶対の自信を持って、あなたが「大切なあの人」から愛されるようになれると断言できるのか。少し説明しておきましょう。

マザー・テレサが「この世にはパンに飢えている人よりも、愛に飢えている人の方が多い」という言葉を残しています。

私はマザー・テレサの言葉を、次のように解釈しています。

愛されない人間は存在しない。愛を受け取る機会に恵まれない、または、あるのに受け取ることができない人がたくさん存在する。その裏には、愛を発信できない人もたくさん存在するのだ。

マザー・テレサの言葉を借りなくとも、心理学の研究からも私たちは本来、誰かを愛さずに生きることができないことは証明済みです。

人間が他者と関わる理由を、社会心理学の世界では次のように定義しています。

私たちは、自分自身がこの世界に存在していることを、相手を通して確認しています。相手との交流からしか、自分が何者なのか知ることができません。

そのため、人と関わりたいし、関わる以上、顔見知りよりは友人、友人よりは恋人・家族というように、より親密な関係になれる他者を求めます。「より深く自分を認めてもらいたい」という欲求の表れです。

自分で自分を認めるだけでは生きていけないので、どうしても他者からの承認が必要なのです。私たちは、他者との交流なしには根本的に生きていけないのです。

私たちが「愛」という言葉で呼ぶものの本質がここにあります。愛とは、無条件に相手の存在や価値を認め合う交流です。

自分がこの世に存在することを相手に認められることによって安心できているのなら、相手に対しても認めてあげたいと思うことは自然ですね。

互恵性《ごけいせい》の原理が働いて、私たちは誰もがみんな誰かを愛したくてしょうがないのです。ですから、愛されない人などいないと結論づけられます。

少し話が抽象的になりましたが、この本でお伝えしたいことはシンプルです。

「私には愛される価値がある」

こう確信してほしいのです。

実際に愛されるようになるには、ちょっとしたコツがあります。次の5つのスキルに注意して、ちょっとだけスキルアップすれば大丈夫です。

愛されることは、才能や生まれつきの能力の問題ではなく、スキルの問題。料理が上手になる、英語が上手になる、車の運転が上手になる、といったことと何ら変わりがありません。

なぜなら、「愛」はコミュニケーション（交流）だからです。

5つのスキルとは、「感情力」「表現力」「理解力」「雰囲気力」「会話力」です。この本では、5つのスキルに磨きをかける方法をお伝えしていきます。

STEP1では「感情力」、STEP2では「表現力」、STEP3では「理解力」、STEP4では「雰囲気力」、STEP5ではもう一度「表現力」、そしてSTEP6では「会話力」を中心にレッスンしていきます。

この本を読み終わる頃には、あなたはきっと「私には愛される価値がある」と確信することでしょう。

愛し愛されることで得られる至福の感覚を、あなたも体験してください。

現代は生きていくことが、とても大変な時代。愛し愛される至福の感覚こそ、私たちが明日を生きていくエネルギー源です。
これから実践的な愛されレッスンをはじめていきましょう。

銀座No.1ホステスの上品な好かれ方■目次

はじめに――実は、私もまったくモテませんでした … 3

STEP 1

「好かれない」思い込みを解除する方法

「愛され慣れ」のすすめ
■男と女では「好き」が違う … 18
■そもそも、「愛される」ってどういうこと？ … 19
■愛されるために必要な2つのトレーニング … 22
モテない子がはまりやすい落とし穴
■はじめから相手にされない人などいない … 25
■思い込みは強固な鎧と同じ … 26
■モテは、ほんのちょっとしたことから … 28

恋を引き寄せる「無邪気レッスン」
■「傷つきたくない」から、もう逃げない…31
■感情はコントロールできる…33
理想の恋のシナリオを書こう
■悪循環の思い込みを外そう…37
■明日はどんな1日?…38
■ただなりきるだけでいい…40

STEP 2

パッと見で「いいな」と思われるコツ

地味な子ほどモテるワケ
■美人って本当にモテるの?…44
■〝遊ばれる女〟と〝本命彼女〟の分かれ道…46
男ウケする外見のポイントは「賢さ」
■「モテ」への最寄り駅はここ…49

■この開運メイクでモテ度を上げる … 51
■本命彼女になる洋服選びのコツ … 54
モテ女子からのアドバイスは意味がない!?
■男性のことは、男性に聞くのが一番 … 56
■自分の真の魅力は男性に引き出してもらう … 57
性別女と〝オンナ〟の違い
■〝オンナっぽさ〟から遠ざかってない? … 61
■アイテム1つで大変身! … 64
実はカンタン!　4分でひとめぼれの術
■「賢い女」+「オンナアイテム」+α? … 66
■第一印象はこの4つがモノをいう … 69

STEP 3 男ゴコロのビミョウなからくり

男ゴコロは「3つの欲求」でできている

■「恋に落ちる」って意外と単純 … 74
■彼の欲求よりも、人間の欲求を満たそう … 77

「モテない言い訳」を手放そう
■彼氏がいない理由を考えすぎない … 80
■「私とつきあうとこんなにおトク!」を見せる … 82

「そばにいてほしい女」はここが違う!
■「自分が成功できるか」がカギ … 85
■大事なのは、自由を感じられるかどうか … 89

男は「コミュニケーション上手な女」が好き
■素直でかわいく見えるミラクルフレーズとは … 94
■口癖にしてみよう … 97

気が利くばかりが愛されるわけではない
■男は「特別感」を味わいたい … 100
■意外にモテない「尽くす女」 … 102
■彼が喜ぶツボって? … 104

STEP 4
雰囲気が変わると「大好きな彼」が寄ってくる

「すごい」と言われないけど「すごい」女性のヒミツ
■賢さとかわいげの両立がキーワード …108
■ピンポイントでいい、彼の趣味を押さえよう …110
■たいがいの男は、こんなジャンルが好き …112
本命には「安心」&「心地よさ」を求める
■育ちのよさを感じ取らせよう …115
■うっかり差がつく、「食事」の振る舞い …118
ギャップのアピールにはご用心
■安心感9割、意外性1割 …122
■意識しないところにきゅんとくる …127
「俺たち気が合うね」のつくり方
■彼と意気投合するには …129
■「どうしてそれを選んだの?」——①説明パターン …130

■彼は自分が大事？　周りが大事？――②判断基準…132
自由自在に彼の心に入り込む方法がある！
■目標を立てるか、リスクを回避するか――③行動へのスイッチ…135
■4つのタイプ別　つきあい方のポイント――④相違のとらえ方…137

STEP 5
彼がドキッとするさりげないしぐさ

ふいのボディタッチよりも大切なこと
■逆効果になりやすい恋愛テクニック…144
■こんな減点ポイントに気をつけて…145
上手な「わがまま」のやり方
■「好かれたい」を意識しすぎないで…149
■わがままだと思われないわがまま…152
妹キャラっておいしいの？
■甘えるのではなく、甘えさせる…156

■彼が心を許す瞬間とは…158

「気配り」は3ステップで

■駆け引きの前に必要な3つの情報…162
■雨が降ったとき、心に響くのはどんな気配り？…164
■「してほしいこと」を一瞬で読み取ろう…167

愛してくれなきゃ、愛さない？

■「私のこと好き？ 嫌い？」にとらわれない…170
■「好き」を伝えることは、〝負け〟でも〝損〟でもない…173

一途な女を脱ぎ捨てよう

■モテそうにしている女がモテる…176
■モテを演出するのが効果的…177

STEP 6 この会話で「いつも一緒にいたい女」になれる

ゼッタイにどんな会話でも盛り上がるルール

■「彼の話したいこと」に耳を傾けて … 182
■興味がない話題でも「3要素」でつながれる … 185
たった1つの質問で距離は一気に縮まる
■話題を掘り下げてみよう! … 189
■彼が話したい「重要ポイント」を攻略せよ … 191
彼の心をつかむ上手な聞き方
■うなずくにもコツがある … 194
■お手本はニュース番組 … 196
■話さなくても好印象のワケ … 198
放っておけなくなる「弱み」の言い方
■「好き」よりも彼を喜ばせる言葉 … 202
■彼の3大欲求を満たす「前向きダメトーク」 … 203
たった一言で男は心地よくなる!
■ほめ言葉はケチらない … 208
■「はい」の代わりに「すごい」が効く … 211

彼の心に届く魔性のほめ言葉
■ぐっとくるのは予想外だったから…214
■「○○に見えるけど□□なんだね」…216
恋が芽生えるシチュエーションのしくみ
■思わずあなたに夢中になっちゃう会話とは…219
■寡黙な彼をおしゃべりにする方法…220
賢い女ほど「賢さ」を隠す
■「知ってること」は自分から言わない…224
■一歩後ろからリードする…225
「話さなければいい女」を卒業しよう
■オチなし会話は百年の恋も冷める…229
■通じ合えるのは「わかる」トーク…232
おわりに――あなたが大好きな彼の隣にいることを願って…235

STEP 1

「好かれない」思い込みを解除する方法

「愛され慣れ」のすすめ

■男と女では「好き」が違う

男は女を愛したい生き物で、女は男から愛されたい生き物。

このように、お互いの欲求は完全に一致しています。けれども、愛されないと嘆いている女性は多いですね。

実は、愛されないと嘆く女性には、見落としているある大切なことがあります。

それは、**男は自分の好きなように女を愛したい。女は自分の望むように男に愛されたい。**この大きなズレが男女の間にはあるということです。

このことに気づいたのは、ホステスをして数だけは誰よりも負けないくらいたくさんの男性と接したことと、カウンセラーになるために心理学の勉強をし直したことからでした。

世間でいう愛される女性、水商売でいう売れっ子ホステスは、男性の「自分の好きなように愛したい」と、自分自身の「望む愛され方」のバランスをとるのがとても上手なのです。

具体的には、彼女たちは共通して「男の自分勝手な愛」を素直に受け取ります。いったん受け取り、それから、「自分はこのように愛されたい女ですから、こう愛してください」と男性に伝えます。

■そもそも、「愛される」ってどういうこと?

たとえば、合コンで見るからに無理をして、女性に気を配っているさえない男性がいます。グラスにまだ飲み物が半分以上残っているのにもかかわらず、「次は何を飲みますか?」と声をかけてきました。

さて、あなたはどうしますか?

愛されない女は、「まだありますから。後で飲みたくなったら注文します」と答えます。それに対し、愛される女は「ありがとう。じゃあ、次はウーロン茶にしようかな」と、彼の好意を受け取ります。

愛される女は、彼のぎこちない様子から、どれだけ彼が無理をしているのかを瞬時に想像し、そしてその努力を受け取っているのです。

「はじめに」でもお話ししましたが、コミュニケーションの本質は愛。愛とは「無条件に相手の存在や価値を認め合う交流」ですから、無条件に彼の好意を認めていることになります。

コミュニケーションは循環するやりとりですから、当然彼からは愛が届けられます。もちろん、その行動を見ていた他の男性陣も「この女性は、人を無条件に認めることができるのだ」と判断します。

結果、どんな男性からも愛される女性となるのです。

もし、あなたが男性から愛されないと嘆いているのなら、どれだけ自分は人からの好意を素直に受け取っているだろうかと、一度考えてみてください。

そういう私も、愛されない時代がありました。ここで少し私のお話をさせていただきますね。

私は中学から大学院まで12年間、女子校で育ちました。思春期の大事な時期に男性がいない環境でしたので、男性がとても苦手でした。関わる機会も少なく、男性という存在がまったく理解できませんでした。

そんな状態で、水商売の世界に飛び込んだので、はじめはとても大変でした。それでも、数多く男性と接しているうちに、**男性というのは「プライドの生き物」で「ひとりよがりな生き物」ということに気づいた**のです。この2つをうまく認めることができれば、きっと好かれるにちがいないと閃《ひらめ》いてから、急にお客様が増え出しました。

具体的には、先ほどお話ししたように、「受け入れる」ということです。男性が愛したいように「愛される」ことに徹したのです。

自分には「愛される価値がない」と思っていると、お客様が「今度は久兵衛（高級寿司店）でお寿司を食べよう」という好意を受け取れません。思わず「いえいえそんな高級なところではなくて、○○寿司くらいで」と言ってしまうのです。

これは、合コンでモテない女と同じこと。お客様は私を高級寿司店に連れていくことで愛を表現したいのです。それを「受け入れません」と言っては、好かれるはずもありません。

また、ちょっと自分の中の居心地の悪さを我慢して、お店に行ったとしても、注文で遠慮してしまうと、これまたお客様の愛に応《こた》えていません。値段を気にせず好きなだけ高級なものを食べさせたいという思いを、受け取っていないからですね。

■愛されるために必要な2つのトレーニング

実は相手の好意を受け取ろうとしたとき、自分にそれだけの価値があると信じていないと受け取れないということが起きます。一口に男性の愛を受け取る、つまり男性から愛されるといっても、けっこう難しいのです。

愛されるためには、次の2つの考え方を身につけることが土台になります。まず自分が愛される価値のある女であると信じて疑わないこと。そして、彼の好きなように愛されることを受け入れる。

そのために、2つの「愛され慣れ」トレーニングをしましょう。日頃から「他人の好意にお礼を言うこと」と「ほめられたら謙遜《けんそん》しないこと」です。

レストランで、メニューをいただいたら「ありがとう」。お水を出されたら「ありがとう」。お食事を出されたら「ありがとう」。お皿を下げてもらうときには「ごちそうさま。ありがとう」。このように、すべてに「ありがとう」と言って、相手の好意をそのまま素直に受け入れられる自分の心を鍛えるのです。

他には、「すみません」と言ってしまう場面で「ありがとう」と言うようにします。

席を譲られたり、エレベーターで扉を開けてもらっていたり、普段なら「すみません」と言うところを「ありがとう」に変えます。すると「譲ってもらって申し訳ない」から、「自分は相手からこの好意を受けるだけの価値のある人間、つまり人から愛される人間なんだ」という自信が芽生えます。

さらに、ほめられたとき、つい謙遜してしまいますが、これもやめます。日本には「謙遜の美徳」という言葉がありますが、極端になると自ら自信を失うもとになります。「いえいえ、それほどでも」と言っているうちに、「たいしたことない人間」という自己暗示につながるのです。カウンセリングをしていて気づいたのですが、自信がないという女性に限って、謙遜癖の傾向があるのです。

ほめられたら、居心地が悪いかもしれませんが、「ありがとう。そう言っていただけて、嬉《うれ》しいです」と言ってみましょう。相手の好意を受け入れ、自分にもそれだけの価値のある人間なんだと自信をつけることができます。

日々の小さな積み重ねがいざというときに、とっても大きな力となります。普段から愛されることに慣れていれば、この人！　という運命の人に出会ったときに、自然に愛されることができますからね。

一事が万事。「愛され慣れ」は、日常的に訓練しましょう。

「愛され慣れ」トレーニングをするだけで、早くも彼氏ができてしまう人もいるかもしれません。簡単だけれど、強力なトレーニングですから、何をおいても、これだけは実践してくださいね。

あなたは、今のままでも十分愛される女性なのですから！

……「そんなことない」と瞬時に思ったあなた。要トレーニング。

モテない子がはまりやすい落とし穴

■はじめから相手にされない人などいない

「私なんて誰からも相手にされない」

「モテるなんて絶対無理」

と今は強く思っているあなたも、はじめからこうだったわけではないですよね。

なんだか恋愛でうまくいかなかったことや大きな失恋など、いろんな失敗が続いて、気づいたら「私なんて誰からも相手にされないんだ」と思うようになっていた。

そうして、今では恋をあきらめはじめている。

気づきましたか？　最初は誰も自分が愛されないなんて思っていません。うまくいかない経験を繰り返す中で、「私は愛されない人間だ」と自分に言い聞かせてしまった結果にすぎないのです。

だから思い出して。最初から相手にされなかったわけではないことを。

水希はホステスの世界に入った当初、自分がまさかこんなに「売れない」「モテない」女だとは思っていませんでした。うまくいかないことを日々繰り返し経験していくうちに、突然「私って女として魅力がないのかも。モテないのかも」と考え出し、自信をなくしていったのです。

だからまずは、はじめから相手にされない人などいない、ということを思い出してほしいのです。そして、自分は今、ただ悪循環のループにはまり込んでいるだけで、決して女として魅力がないわけでも、モテないわけでもないと、まず自分のことを信じてあげてください。

■思い込みは強固な鎧と同じ

モテなくなる悪循環は、そもそも私たちが「人からは愛されなければならない」という暗黙の前提を、強く埋め込まれていることからはじまります。この思い込みは、愛されなければ価値のない人間だ、という思考につながります。

思い込みの強い人は、「人前で嫌われてはいけない」「失敗してはいけない」「うまくやらなくてはいけない」と、自らプレッシャーをかけますので、とても緊張します。

そして、必要以上に気を遣うのですが、その気が向いている方向がすべて自分なのです。嫌われていないか、変なことを言っていないだろうか、気配りはできているだろうか、変な顔をしていないか、などなど。

心を開いて、相手を無条件に認め合う交流の場なのに、自分だけ鎧《よろい》を着て、盾や槍《やり》を持って相手との戦闘態勢に入っているのです。

男性側からすると、必死で自分を守っている姿に、近寄りがたさや「誘ってはいけない」という暗黙のメッセージと受け取ります。当然、誘いません。あなたにもたらされるのは、あれほど注意して一生懸命、振る舞ったのに、相手にされなかった、という男性に対する失敗体験となります。

失敗するとあなたの中には、「自分はダメな女だ」「自分は見かけが悪いから」「自分はスタイルが悪いから」「自分がこんな性格だから」「一度失敗したからもうダメだ」「私が愛したのに、愛してくれないなんて男は信用できない」と非難・悲観・自己卑下の考えでいっぱいになります。

そうして、さらに「愛されない」という失敗を恐れる気持ちが強くなります。するとまた、前回よりも強固な鎧と盾と槍を持って、男性と対面することになるのです。前回よりも強固ですから、対面した男性は「この人は誘ってはいけない」と強く受け取りますので、当然失敗に終わります。

するとまた非難・悲観・自己卑下、さらに失敗恐怖が強まり、「自分は愛されない存在だ」もしくは「愛してはいけない。信用してはいけない」という思い込みが強化されていきます。

悪循環を繰り返すことは、つまり、「自分は愛されない」「愛してはいけない。信用してはいけない」という自己暗示を繰り返し行っていることなのです。ついには、失敗恐怖で動けなくなってしまう。いっそ「愛されない」と思った方が、傷つくこともないので、自ら「恋」をあきらめてしまうのです。

■モテは、ほんのちょっとしたことから

今、あなたが「私なんか誰からも愛されない」「モテるなんて絶対無理」と思っているのは、自分で言い聞かせてしまった結果にすぎないということがよくわかったのではないでしょうか。

それが悪い暗示を繰り返し自分にかけてきた結果ならば、「私は愛される価値のある女だ」と繰り返しいい暗示をかけると、結果はどうなるでしょう？

もちろん、大好きなあの彼から愛されるという結果が引き寄せられますね。恋愛の幸せ循環です。

幸せ循環に入るのは、簡単。「自分は愛される価値がある」と言い聞かせること。

そのためには、悪循環のおおもとである「人から愛されなければならない」という役に立たない信念を捨てることです。

「自分だって好き嫌いがあるように、彼にだって好き嫌いはある。全員に好かれなくても、せめて半分くらいの人から好かれればいいわ。今だって私を愛してくれる家族・友人がいるもの」

こう考えると、力がすっと抜けて、彼と会話を楽しんだり、自然な笑顔で挨拶を交わせるようになります。彼のちょっとした好意を素直に受け取ることができ、幸せ循環がはじまるのです。

さっきまで要塞の中で鎧につつまれ、盾と槍を持っていた戦士は、中庭でくつろぐキレイなドレスを着たお姫様となって彼の目に映ります。すると彼は「ああ、声をかけてもいいんだな。お誘いしてもいいんだな」と思い、声をかけてくれます。

まさに大成功！　というわけなんです。

はじめはちょっと怖いけど、悪循環のループを抜け出しましょう。そのためにも、はじめから相手にされない人などいない、ということを思い出して。

自分は今、ただ悪循環のループにはまり込んでいるだけで、決して女として魅力がないわけでも、モテないわけでもないと、まず自分のことを信じてあげてください。

恋を引き寄せる「無邪気レッスン」

■「傷つきたくない」から、もう逃げない

あなたの心、冷え切っていませんか？

高い城壁に囲まれた要塞の中で、大切に心を守っていませんか？

あなたは、花をただキレイだなぁと眺めることができますか？

モテないから、自信がないからと悪循環のループにはまると、心が凍りついて、ちょっとした衝撃でも壊れてしまうようになります。


そんなもろい自分の心を守ろうと、自然と恋から遠ざかります。遠ざかるだけならいいのですが、そのうち心はこごえて、永遠に凍りつきます。凍土と化して手遅れになる前に、解凍していつでも恋ができる状態にしてあげましょう。

簡単に心を解凍する方法がありますが、それは後述します。その前に難しいのは、「傷つきたくない」という思いと、自分なりにどう折り合いをつけるかです。

傷つきたくない、つまり失敗を恐れている人は、何事にも消極的で、なんだか自分の人生パッとしないなぁと感じているはず。そんなあなたに、私の悲惨なお話をしますね。

昔つきあっていた彼はかなり遊び人で、本命の私以外に5人の彼女がいました。私がどうして本命であったかというと、同棲《どうせい》していたからです。そんな彼とつきあっていると、毎日が修羅場です。

洗濯しようと彼のYシャツのポケットに手を入れると、ラブホテルの日付の入ったポイントカードが出てきます。

またあるときは「着替えを手伝え」と言われて手伝っていたら、シャツが裏返し。問い詰めると「今日は健康診断だった」と見え見えの嘘《うそ》が返ってきます。

ほかにも「定期入れをとってくれ」と言われてとると、そこには3番目の彼女とのプリクラが貼ってありました。

勢い余った彼女たちが、乗り込んできたり、私の親に嫌がらせの電話をしたり。

そんなことが続きましたが、極めつけは、私が入院する前日に別れたことでした。

私はそのとき、肝臓の病気で、治療のために入院が必要でした。その直前に5番目の彼女が乗り込んできて、堪忍袋の緒が切れた私は即刻、同棲解消。入院準備をしながら、すべての荷物を都内の祖母の家に送りました。

ここまで傷つけられて、一緒にいる必要がないと判断したのですが、彼のことは大好きだったので、本当に悲しくて辛《つら》い思いをしました。

その思いをかかえて、住所不定で入院です。そして、すぐに肝臓の検査。その検査後丸1日、おもりをつけられ、ベッドに寝たきりになります。検査の痛み・身動きのとれない苦しさ・体にささった管の痛み・そして失恋の痛み……。どれだけの痛みがあったでしょう。ただひたすらベッドで泣いていました。

■感情はコントロールできる

一時は「こんな目にあうなら、こんなに傷つけられるなら、もう恋なんてしないぞ」と思った自分もいました。が、3日も泣いて過ごすと、あることに気づいたのです。

「一方的に傷つけられたとか、ひどい目にあったと思っているけれど、もしかして、これって自分で選んだこと？　傷ついても彼のそばにいたかったのは私。私が自ら選んだのかもしれない」

あなたもどこかで「傷つきたくない」ではなくて、「傷つけられたくない」と思っていませんか？

私たちは、愛されなければいけないという刷り込みから、受け身になりがちです。刷り込みがなく、恋愛が能動的な人は、恋愛は「愛する」体験で構成されています。恋がうまくいかなかった場合、「傷つくような恋のために努力はしたくない」と思います。浮気された場合には、「彼に失望した」「信じることができない」といった表現をします。

逆に、恋愛が受動的な人は、自ら能動的に「愛する」のではなく、恋愛は「愛される」体験で構成されています。恋がうまくいかなかった場合は、「愛されない」体験をさせられることになるので、「傷つけられた」と思ってしまいます。そして、「浮気された」とか「傷つけられた」といった表現をします。

しかし、誰かがあなたを傷つけることはありません。あるとすれば、傷つくことを選ぶ自分です。浮気する彼を選ぶとか、裏切られてもついていく道を選ぶ自分がいるだけなのです。

失恋も浮気も、それで「傷ついた」と意味づけるのは、あなたですよね。世の中には「失恋」は「恋が終わったこと」、「浮気」は「彼は私を傷つけるつもりはなく、男の欲望に従っただけ。私への愛はある」ととらえる女性はいます。

どんな意味をあなたの体験に持たせれば、自分が生き生きと前に進めるのかに知恵を絞ると、恋愛失敗の恐怖から抜け出せます。「失敗への恐怖」から抜け出すには、ゆっくり自分なりの意味づけを見つけてください。

そして、いつでも恋愛OKな状態に心を保つために、今すぐはじめてもらいたいのは、心を解凍する「無邪気レッスン」です。

1日1回、何も理屈をつけず、ただ「キレイ・美しい・素晴らしい・悲しい・腹が立つ・楽しい・嫌だ・嬉しい」と感じる時間を持つのです。

たとえば、お花屋さんの前で、花をただ「美しいな。キレイだな」と眺める。空を見上げて「キレイな青空だな」。夜空を見上げて「星が見える。キレイだな」。

嫌なことを人からされたら、「怒った」「嫌だ」「悲しい」と心が動いたことをただ認める。マイナスの感情はすぐ否定したくなりますが、その感情にもきちんと役割があります。感情がわいたことは否定しません。否定癖は心を凍らせるだけです。**感情はわいてくるものです。その感情を否定するのではなくて、次の行動で感情をコントロールすればいいのです。**

無邪気レッスンは「ただ感じる」練習です。何も理屈をつけず、自分の感情をそのまま受け取れるようになると、心の氷が解けて、「恋」に心が動かされるようになりますよ。

恋は頭ではなくて、本質的には心でするもの。心を育てましょう。

理想の恋のシナリオを書こう

■悪循環の思い込みを外そう

さらに恋愛の悪循環から抜け出すために、メンタルブロックを1つずつ外していきましょう。

メンタルブロックが外れると、好きな彼から愛されて、プロポーズされ、結婚して、永遠に続く彼との愛情に満ちた人生を手に入れることができますよ。

あなたが望むものは、あなたが手を伸ばせば手に入るのです。目標を持って行動を起こせば、その結果は必ず得られます。

早速、「自分はダメな女だ」「自分は見かけが悪いから」「自分はスタイルが悪いから」「自分はこんな性格だから」という自己卑下や非難・悲観のメンタルブロックを外していきましょう。

「自分はダメだ」あるいは「自分は~だからダメだ」という思い込みを持っている

と、行動できないばかりか、わざと失敗するようなことをしてしまいます。これが思い込みの恐ろしいところ。

彼ができそうになると、「ちょっと待った。私はダメな女だから、彼なんてできちゃいけないのよ」とメンタルブロックが発動して、自ら壊してしまうのです。

彼からの誘いを断ってみたり、嫌われるようなことを言ってしまったり。あなたも経験がありませんか？

なぜかすんでのところで、いつもうまくいかない。まるで、うまくいかないシナリオでもあるかのようです。

■明日はどんな1日？

このメンタルブロックに対抗するには、「うまくいくシナリオ」を作成します。そして「うまくいくシナリオ」にあることだけ行動してみます。シナリオから外れる思いや行動をしたくなったら、立ち止まって、シナリオを読み返すのです。

気持ちがどんなに折れそうでも、自分にはできないと思っても、とにかくシナリオ通り行動しましょう。自然に任せると私たちはどうしても悪いシナリオに引っ張られてしまいます。ですから、しつこいぐらいに「うまくいくシナリオ」を読み返して、忠実に実行する。いい自己暗示を繰り返し、繰り返し、これでもかと続けていく。

この地道で単純なことを実行すると、いとも簡単に悪循環から抜け出せるのです。あなたなりの「うまくいくシナリオ」を、まず作成しましょう。お気に入りのノートを1冊用意して、丁寧に書いてみるといいですよ。登場人物はあなたとあなたを幸せにしてくれる、まだ見ぬ彼です。

では、あなたに質問です。

「今晩寝ている間に魔法がかかって、明日の朝目覚めると、あなたの生活が理想の彼がいる生活に変わっていました。さて明日はどんな1日になりますか？」

たとえば、朝起きたら、彼からメールが入っていて、それに私はご機嫌・ウキウキ気分でメールの返信を打つ。彼に会えると思うとドキドキして、目覚まし時計が鳴るよりも早く目覚める。彼に見せたい笑顔の練習をしながら、お気に入りの曲を流して、丁寧にメイクをする私。そして……。

このように詳細なシナリオを書いてください。彼がしてくれること、それに対して自分はどんな気持ちになり、どんな表情をし、どんな声で、どんな言葉遣いで返事をするのか。どのような服を着て、会社・友人・家族にはどんな風に振る舞っているだろうかと詳細にイメージしてシナリオを書くのです。

そして、彼がいればすること、あるいはしないことを、今あたかも彼がいるかのように実行してみます。

彼ができたらする行動なら、今からやっておいてもいいではないですか。先取りしていると、不思議なことに現実に本当に魔法がかかり、彼ができます。ちょっとメルヘンチックですが、れっきとした心理療法の1つなんですよ。

■ただなりきるだけでいい

「うまくいくシナリオ」を意識しなくても演じることができるようになると、実はもう1ついいことが起きます。

「自分はダメな女」から「自分はできる女」だと意識が書き換わるのです。

すると、今度は「愛されない存在」「愛してはいけない。信用してはいけない」という呪縛からも解放されます。「うまくいくシナリオ」の中では、愛されることが当然ですから、知らないうちに「愛される」ことを受け取れるようになるのです。

それに、愛してくれない彼が悪いとは考えません。人には「愛している」と言う権利もありますが、同時にそれを断る権利もあることを受け入れられるようになるからです。

「自分は愛される価値のある人間」だという自信がありますから、ただ目の前の彼の好みではなかっただけで、他に自分を愛してくれる人はいるから大丈夫、と考えられるのですね。相手の拒否も受け入れられるから、男性を信用できないなどと責める必要もなくなります。

こうして「うまくいくシナリオ」を演じているうちに、愛すること、愛されることが自然になります。お気づきですか？ 試しにシナリオの中の主人公になりきってみると、一番強いブロックとなってあなたに恋愛をあきらめさせた、「失敗への恐怖」もいつのまにか外れているのです。

はじめは、望むものを自分の手に入れるなんて無理と思っていたあなたも、ここまで読むと、ちょっと試しにしばらく「うまくいくシナリオ」を演じる女優になってみようかと思いませんか？

「演技をするだけ？　うまくいく感覚ってどんなもの？」って、好奇心がくすぐられているはず。

いつもだったら遠慮してしまう彼の誘いも、女の子っぽい服も、恋愛のテクニックも、本来の自分とは違う、演技だからできてしまう。演技だと思ってやっていたら、本当の自分でも案外できそうなことがわかって……。

なんだかウキウキしてきませんか？　早く合コンでも、お見合いパーティーでも、飲み会でも行って、試してみたい。そんな気分になっているでしょうね。

はじめは演技でも、いつのまにか、本気になってしまう。楽しく自然に変わることができる。これがシナリオの威力なのです。

STEP 2

パッと見で「いいな」と思われるコツ

地味な子ほどモテるワケ

■美人って本当にモテるの？

実は世の中、美人ほど生きづらいものはないのです。

本命の彼女に選ばれるときに一番有利なのは、地味めな女。合コンで、職場で、学校で、バイト先で、パーティーで一番モテるのも決して一番の美人ではなくて、二番手・三番手。女から見たら、ちょっと野暮ったい女子なのです。

銀座でお客様とお話ししていると、お酒も手伝って、意外と男の本音をぽろりともらしてくれます。男はプライドの生き物ですから、傷つくことを極端に恐れます。ですから、一番の美人やかわいい子には、あえて声をかけない。そして、失敗が少ないであろう二番手・三番手に声をかけるのだそうです。

疑《うたぐ》り深い私は、それを確かめるために、あるダンスパーティーへ出かけました。会場を見渡して、あの子が一番で、あっちの子が二番……とひとしきり品定め。そして、誰が最初に誘われるのか。ドキドキしながら見ていると、やっぱり、地味めだけどきちんとおしゃれをすれば、清楚《せいそ》でかわいらしくなるなぁという子が真っ先に誘われていました。

ナンパ系の男性になると、それを逆手にとって、美人や一番の女性に声をかけるそうです。あなたがモテない原因の1つは、もしかしたらあなたが集団の中で一番キレイだったり、かわいかったのかもしれませんね。

美人がモテないことは、心理学的にも理由があります。

私たちは人の外見からある一定の性格を、本人の性格とは関係なしに決めつけてしまう傾向があります。美人というだけで、多くの人が「冷たい」「きつい」「性格が悪い」と決めつけてしまう。とっても損ですね。ですので、美人は少し野暮ったくするだけで急にモテたりすることもありますよ。

また、あなたがもし、自分の見かけにコンプレックスを持っているのなら、恋愛においては大チャンス。実は、本命の彼女に選ばれやすいばかりか、最もモテる女性なのです。

今までは容姿へのコンプレックスで、自分でブロックをかけていただけ。言葉が少なかったり、視線が下に行きがちだったり、どこか自信なさげだったり、無表情だったりといった態度が邪魔していただけなんですよ。

■〝遊ばれる女〟と〝本命彼女〟の分かれ道

その証拠に、男性は、本命の彼女には賢さを求めています。
賢さとは、学歴ではなくて、きちんとした家庭で育てられた、き・ち・ん・と・感と清潔感と品のよさをひっくるめているようです。「本命モテに容姿は関係ない」が真実です。

心理学では、男性が結婚に至るまで、どんなポイントで女性を判断しているかを研究したものがあります。それによると、はじめに重要な要素となるのは、外見の美しさですが、それは一瞬のこと。価値観が合うか、さらに、長いつきあいになったとして、この女性は、妻として、母として、嫁として、同志として、友人として、きちんと役割をこなせるのだろうかを総合的に判断しています。

だから、本命の彼女には、一瞬の見た目の美しさではなく、その先を感じさせる賢さを読み取れるかが重要なのです。

地味でもきちんとしていると、男性は本命にぴったりだと選んでくれるのです。男性もそれほど単純ではないですから、メイクや服装でゴテゴテと飾り立てたり、ごまかしたりする度合いが極端に大きい女性は相手にしません。

銀座で仕入れた男性の本音によると、

「男は遊びと本気の女をきっちり分けている。男からみて遊びの女は〝見た目の美しさ〟〝かわいさ〟〝バカさ〟〝弱さ〟をウリにしている女。本気の女は〝教養〟〝自立心〟〝品性〟〝コミュニケーション能力〟のある女。もちろん、限度はあるけれど」

なのですって。

キレイな女は一瞬のお飾りにはいいけれど、一生を共にするには、中身がなくて退屈な女に映るようです。

もちろん、キレイでその上、中身も素晴らしい女性はたくさんいます。しかし、人はとかく第一印象で、勝手に相手の人物像をつくり上げてしまいますから、誤解されて遊びで終わることが多くなります。

美人がどれだけ損をしているか、なんとなくわかりましたね。見た目をこぎれいにする努力は必要ですが、見た目だけで好きな彼の本命になることはできません。

ですから、見た目コンプレックスはひとまず隅に追いやってしまいましょう。男性からすると、あなたはパーフェクトなのですから。

あなたがこれから準備することは、見た目をこぎれいに整えて、賢い女のオーラをまとうこと。そして、まずは意中の彼に存在を気づかれる女になることです。見つけてもらって、声がかからないことには、はじまらないですからね。

男ウケする外見のポイントは「賢さ」

■「モテ」への最寄り駅はここ

まずは、見た目を上品で、賢い女に整えていきましょう。

モテるよう変化を起こすのに一番手っ取り早いのは、やっぱり外見です。といっても、繰り返しになりますが、モデルや女優さんのような絶対的なキレイさは必要ありません。

第一印象で「賢い女」だと、男性に思ってもらえるような外見に整えていきます。イメージとしては、ちょっとだけ男ウケするように、小粒でもぴりっと辛《から》い山椒《さんしょう》のようなスパイスを振りかけるだけ。

私もそうでしたが、銀座には「この田舎娘がどうやって、この街でやっていくんだ」というような子がたくさん入ってきます。それでも、日々男性の視線・同僚の視線を浴びて、どんどんキレイになり、色気の〝い〟の字もない子が、なんらかの色気を醸し出すようになります。

中には見違えるようにキレイになって、売れっ子ホステスとして花ひらく子も。ですから、心配はいりません。あなたも必ずキレイになれます。

外見を整えることは、男ウケだけでなく、自分にとっても、いい効果をもたらします。自分に自信を持たせ、積極的な行動をとらせてくれるのです。

髪型が決まらないと1日なんだか憂鬱《ゆううつ》ですよね。反対にお気に入りの洋服を着るだけで、ちょっと堂々と歩けたりしませんか?

私も、メイクや髪型、服をカウンセラーにふさわしいものにすると、気持ちがしゃきっとカウンセラーにはまります。

一方、夕方から出勤のある日は、水希になるために、美容室でヘアをセットします。セットしてもらいながら、ホステスらしいちょっと濃いめのメイクを施します。ヘアができあがる頃には、気持ちもホステスに切り替わり、ちょっと色っぽくなっている自分がいます。

外見を整えると内面があとからついてくるのです。

私たち女には、とっても便利な機能がついています。その機能を使って、メイクセラピーという分野もあるんですよ。

老人ホームでお年寄りにメイクをすると、認知症の症状が軽くなったり、性格が明るくなったりします。

また、醜形恐怖症《しゅうけい》といって、自分の外見を病的に気にしてしまう女性などは、メイクセラピーできちんとメイクをすると、安心して外出することができるようになり、心の病が軽減します。

一口に外見を整えるといっても、奥が深いのです。私は外見を整えることの奥深さに魅了され、メイクセラピストとパーソナルカラーリストの資格までとってしまいました。こちらの立場から、実際にどんなことをすれば、手っ取り早くモテるようになれるのかをお伝えしますね。

■この開運メイクでモテ度を上げる

まず、メイクです。本命彼女を狙う私たちには、濃いメイクは必要ありません。男性は、本命彼女には濃いメイクを求めません。男性からすると、薄すぎない清潔感のある、きちんと整えられたメイクで十分です。

人の顔には4つのタイプがあります。もともとの顔のパーツのバランスで、人に与える印象の大部分は決まっています。

そのため、一人ひとりにベストなメイクがあるのですが、ここでは、そんなバランスに関係なく、誰にでもあてはまる開運モテ・メイクをお教えします。

ベースのお肌は、みずみずしさと透明感があればOK。20代でしたら、ピンクのコントロールベースを塗って、ファンデはいりません。その方が、元々の美しさが引き立ちます。お肌に自信がない人は、マットにならないように、輝きの出るファンデを選びましょう。パウダーよりも実はリキッドがつや感が出てベスト。

濃いメイクは必要ないので、あまりメイクをしないという方は、眉とマスカラ、軽くグロスをオンすれば十分です。

眉は、短く太めのアーチ眉にします。太く短めに描くと、元気でかわいらしくなります。眉にアーチをつけると、優しい印象に。眉は顔の印象を決める重要なパーツです。メイクセラピーをしていると、眉だけで大変身する方がほとんどなんですよ。

そして、面倒かもしれませんが、マスカラは絶対しましょう。マスカラをしてまつげを上げることで、まつげによる目もとの陰を消し、瞳に輝きが出るんです。

おしゃれなパリジェンヌは、眉とマスカラは絶対に手を抜かないと言いますが、印象をよくするキモを心得ていますね。さすがです。

メイクが好きという方は、アイシャドー・アイラインの色使いを戦略的にします。色には意味があり、印象を大きく左右します。淡いピンクを使えば、誰でも一瞬にして開運モテ顔です。

ただ、ピンクに抵抗のある人もいるので、そんな方は薄い紫色をのせてもいいですよ。ピンクだと愛らしさ、紫ですと上品な印象をそれだけで与えることができます。

アイラインは黒を引くと強くなりすぎるので、モテ・メイクでは焦げ茶色。それだけで一気にふんわりしつつ、深い目元がつくれます。チワワみたいなウルウル感がでますよ。

次にヘアスタイル。これは、美容師さんに教えてもらったのですが、誰でも美人になる黄金比率があるそうです。

その黄金比率とは、顔の長さとあごから下の髪の長さが1対1・5。誰でもバランスがとれて一番キレイに見えるんですって。

■本命彼女になる洋服選びのコツ

さて、洋服です。本命彼女狙いはコンサバ系を着ていれば間違いなし。男性はわかりやすいおしゃれを好みます。

色はモノトーンを避けましょう。水商売では、黒は禁止されています。これには2つの理由があります。1つは、男性がスーツで色がない上に、ホステスまで黒だと、まるでお葬式のようになるからという理由。もう1つは黒が恋の色ではないからです。

色恋という言葉があるように、恋には色があります。そして恋を呼ぶ色はピンク。ピンク色をどこかに入れるようにしましょう。

それから、あまりとっかえひっかえ洋服を替える必要はありません。質のいい清潔感のあるものを、数着大切に着こなしていれば、それだけで、本命彼女当確です。ファッションショーのように洋服を替える人をたまに見かけますが、これは大変マイナスです。

それでは貧乏くさいと思われそうですか？　まだまだ、恋愛の幻想に縛られていますね。男性は貧乏くさいとは受け取らないんですよ。

男性は、長く続いたときのことまで考えて、彼女にする女性を選んでいます。ファッションショーのように洋服をとっかえひっかえしていると、金銭感覚なしと受け取ります。家計を任せられない、ゆえに結婚できない、ゆえに本命彼女ではない、という結論がはじき出されるのです。

その証拠に、お客様から耳の痛い言葉をいただきます。

「ホステスとは恋愛はできても結婚したいと思うことはほとんどないね。なぜなら、お金の管理ができていないから。とてもじゃないけど家計を任せられないよ」

男性にとって、女性の金銭感覚は、結婚するしないを決断する重要な判断材料だとキモに命じておきましょう。

この面からも、「賢い女」の第一印象は、絶対必要なのです。

モテ女子からのアドバイスは意味がない!?

■男性のことは、男性に聞くのが一番

彼を知り己を知れば百戦殆《あやう》からず。

私たちが今身につけているスキルは、戦いのためではないですが、男性について知ることは、好きな彼のハートを射止めるためには必須です。そんなとき、どうしてもやってしまうミスが、モテる女の子にその秘訣《ひけつ》を聞いてしまうこと。

男性に好かれることを仕事にしているホステスの中でさえ、まったく男心を理解していない人がいます。ましてや一般の世界など、勘違いしたままの女子がほとんど。女友達の意見をあてにすると、逆に男性モテから遠ざかる。これが真実です。

当たり前のことなのですが、男についての情報は男から教えてもらう。これがモテへのベストな道です。

男性が訳知り顔で女性について語っているのを聞いて、「わかってないな～」と

思うことってありますよね。ちょっと男性慣れしている女友達の意見を聞くのは、これとまったく同じことなのです。

私の場合、この本でお伝えしている男性についてのことは、私がホステスをしてお客様から、プライベートの彼氏から、男友達から教えてもらったことだけです。男の人から教えてもらった、男の人についての情報です。

私が水商売の世界へ足を踏み入れると同時につきあいはじめた彼は、光源氏のような人でした。私をどんな男性の前に出しても恥ずかしくないように、一つひとつ「男の考え方・男が望むこと・男が好きなこと」を教えてくれました。

中学から大学院まで12年間女子校で育ち、男という生き物について疎《うと》かった私が、水商売でなんとかなったのも、プライベートで男性ウケがいいのも、すべて彼や教えてくれた男性たちのおかげです。

■自分の真の魅力は男性に引き出してもらう

たとえば、あなたはレギンスが、男性たちの間では何と呼ばれているか知っていますか？

「人力車夫《じんりきしゃふ》」ですよ。男たちは太くてもいいから、ショートパンツをはいている女性の方が好きなのです。

ナチュラル系グロスをつけた女性のことを、男性たちは何と言っているか？

「顔色が悪くて、不幸そう」

モデルのような細い女性よりも、ちょっとぽっちゃりを大方の男性が好きなのを知っていますか？

尽くす女はモテると言いますが、実際には嫌われます。男性は、女性の尽くす行為の裏メッセージが大嫌いなのです。

これらのようなことは、女性同士で話していても気づかないのではないでしょうか。水希が新人の頃、お客様からよくこう言われました。

「女の意見は信じるな。俺たち男が、いいと言ったドレスや髪型やメイク、会話を覚えておきなさい。それが、男が望んでいる魅力的な女性像だから」

銀座のお客様はたくさんの女性を見ていますから、目が肥えています。人それぞれ好みはありますが、共通して「いいね」とほめられるときが必ずあります。それが、自分が一番キレイに輝いて見えるベストな状態なのです。

はじめの頃は、ママや先輩たちから言われることを忠実に守っていた水希ですが、あるときからお客様の最大公約数意見を尊重して、男性に接するようにしました。それは、女の意見と男の意見の大きな開きに気づいたからでした。結果が出るのはどっちだろう？　と実験してみたのです。

結果は、見事に男性の意見に従った外見も内面も含めた水希キャラの圧倒的な勝利。やはり、男の気持ちは男から聞くのが一番なのです。どうしたって、女性に聞くと女性のフィルターを通してしまうので、ゆがんでしまうのですね。

水希の場合、男性の総合意見に従うと、オリエンタルでエキゾチックな雰囲気を強調したとき、男性から見て最大限に自分の魅力が発揮されるようです。実は本人的には嫌いな外見なので、嫌だったのですが、指名が増えるので仕方ありません。

そして内面についても、ママからは「優しい人・弱めのキャラ」を勧められましたが、男性からは、素のまんま「潔い性格」が受けました。見かけが十分オリエンタルかつエキゾチックで濃いので、性格は「潔さ」でさっぱりさせると品が残るのだそうです。

こんなこと、同性からは絶対にアドバイスされません。女同士はどうしても、女友達や同僚が自分よりステップアップしていくことが面白くないと思うものです。だから、本当のことを言ったりしません。

悲しいですが、まずは女同士でつるむのをやめて、男友達をたくさんつくりましょう。そして、男友達や口の悪いおじさまの意見を参考にするのです。

たとえば、自分ではいい女のつもりで、黒スーツできめているのに、社内の男性から「今日、お葬式？」「授業参観？」と茶化されたことはありませんか？ はやりのヌードメイクをしたら、「気分悪いの？」と言われたことはありませんか？ 女友達には評判のよかったヘアスタイルなのに、男性ウケがよくなかったことはないですか？ これが男性の本音を拾うポイントです。

黒スーツの例なら、あなたに単純に黒が似合わないか、「男は黒ずくめが好きじゃないですよ」というサインなのです。こうして男性の意見を注意して拾い集めていくと、あっという間に垢抜《あかぬ》けて、女性からも男性からも、一目おかれる女性に変身できますよ。

性別女と〝オンナ〟の違い

■〝オンナっぽさ〟から遠ざかってない?

あなたに質問です。男性は誰と恋愛をしたいのでしょうか?

恋愛は、友達とも、親兄弟姉妹、知人とも築くことができない特別な関係。気持ちをわかり合い、時にはぶつかり合い、セックスをして、ある意味で貪欲《どんよく》に、必死に「無条件に相手の存在や価値」を認め合います。

ほとんどの「男性」は、「女性」と恋愛したいと思っています。男は女を恋愛相手として探しているのです。

ところが、「モテない・彼氏ができない」と嘆いている女性の9割が、〝オンナ〟の価値に否定的。男ウケを嫌ったり、男は派手な女を嫌うといって、何もしていなかったり、やたら性差を超えたつきあいを強調したり……。

男の人に、「ああ、この子は〝オンナ〟なんだ」とわかる目印を持たないのです。

もちろん、自分では自分のことを性別が女だということはわかっていますね。けれども、男の人からすると性別女はわかっても、恋愛対象として惹《ひ》かれる〝オンナ〟が見えない。

ちょっと耳の痛いお話ですが、よっぽどニューハーフの女性の方が、〝オンナ〟という意味ではわかりやすいのです。男性も「あの子たちは元男でもあるから、男心を心得ている。その上、女より女らしいから、ある意味理想型だよね」という意見を本音で話してくださいます。

残念ですが、男ウケしようと必死な女よりも、あざとい小悪魔よりも、女になりたくて努力しているニューハーフよりも、「モテない」と嘆いているあなたは、〝オンナ〟の面で魅力がないと映ってしまっているのです。

「性別女」というだけでモテるのは、100人の男性の中にあなたが1人ぽつんと交じったときだけです。

と、ちょっとお説教したところで、〝オンナ〟を否定してしまう気持ちのしくみを少し解説しましょう。カウンセリングや友人の悩みを聞いていると、共通する体験を少なからずしています。

それは、小さい頃に「男の子が欲しかった」という両親の会話を耳にしてしまった。あるいは、直接「あなたが男の子だったら」と言われた。もしくは男兄弟がいて「あなたは女なんだから、～しなさい」とか、逆に「～しなくていい」とか言われて育った。

また、父親の浮気が原因で離婚している、あるいは夫婦仲が悪かった。こんな体験をしていると、無意識のうちに〝オンナ〟を否定するようになります。

実は私もそのタイプ。「あなたは女の子だから」と事あるごとに言われて、弟と比較されて育ってきました。さらに、ずっと女子校だったので、「オンナオンナする」ことに、かっこ悪さを感じて、すっかり性格は〝オトコ〟。

ただ1つ救われていたのは、祖父母・両親から「女の子らしく」外見を飾り立てられて育ってきたことでした。着せ替え人形のように、かわいい洋服を着せられることはとても嬉しく、〝オンナ〟を否定せずに成長しました。

本来は〝オンナ〟を激しく否定しているのに、外見は〝オンナ〟アピール度100%ですから、救われたのです。

あなたも育ってきた中で、〝オンナ〟を否定しなくては、やってこられなかったのかもしれません。しかし、もう自分で自分の人生を決められる立派な大人。望むものは手を伸ばせば必ず手に入れられる大人になりました。

ちょっとずつ、〝オンナ〟を受け入れて、表現していきましょう。

あなたの中に〝オンナ〟がないとか、〝オンナ〟の魅力がないのではありません。表現するときのバランスが少しだけ悪いのです。

■アイテム1つで大変身！

〝オンナ〟を受け入れ、表現するために、〝オンナ〟慣れしていきましょう。「愛され」慣れ・「男」慣れの次は、自分の中の〝オンナ〟慣れです。言うなれば、女性ホルモン分泌大作戦！

心理的抵抗はキツイかもしれないけれど、やることはとっても簡単。

自分の今のキャラクターに、1つだけ〝オンナ〟アイテムをプラスします。

最初は、小物から挑戦するといいですね。ハンカチをピンクのレースものにする、アクセサリーのモチーフをハートやお花にするなど、男性が絶対持てない小物を手にしてみます。

慣れてきたら今度は、洋服の一部をパステルカラーのものに変えます。女性ホルモン刺激度No.1は、やっぱりピンク系ですが、抵抗がある場合は、パステルカラーから挑戦。色で抵抗がなくなったら、今度はワンピースやスカートに挑戦です。

洋服はハードルが高い……というあなたは、外見ではわからない下着からはじめてもいいですね。ピンクや白、レースやお花をあしらった素敵な下着をつけると勝手にオンナ度があがります。

自分で〝オンナ〟アイテムを持ち、その姿を見ることで、自分の中の〝オンナ〟を否定しなくなります。そもそもはじめからオンナなのですから、ちょっと続ければ、楽しくなります。今まで否定されてきたあなたの中のオンナが喜ぶのですね。外見から心の傷は癒《いや》されていきます。

そう、あなたは〝オンナ〟であっていいのですよ。自分を解放してあげましょう。あなたは自由です。

実はカンタン！　4分でひとめぼれの術

■「賢い女」＋「オンナアイテム」＋α？

出会って3秒で、好きか嫌いかは決まります。

心理学では、私たちは、出会って3秒で好きか嫌いかを判断し、その判断は正しいのか情報収集して、4分以内に決定づけるといわれています。

この心理学の理論を利用しているのか、水商売の世界はとても合理的にできています。

私の水商売デビューは、新宿のキャバクラでの1日体験入店でした。そこでは、お客様の席にいられる制限時間は5分。5分すると、黒服（女の子を席へつけ回す人）に呼ばれ、また違うお客様の席へ行きます。

キャバクラには指名制度がありますので、5分で他の席に移動する際、お客様がホステスを気に入っていれば指名が入り、ホステスはその席に座り続けることができます。

キャバクラでは、第一印象の法則をうまく使って、お店もお客様も効率的に遊べるようになっているんですよ。そんなことを、体験入店でまざまざと見せつけられた私。5分で何かできるわけもなく、さんざんな結果に終わりました。

3秒で「好きか嫌いか」が決まり、4分で決定づけられるとなっては、この短い時間に何ができるのでしょうか?

もうおわかりですね、外見の力を使うしかありません。内面の魅力など説明している暇はないのです。

ともかく「好き」という好印象を持ってもらわなくては、内面を見てもらうに至りません。これは何も夜の世界に限らず、常日頃、あなたも人と会う場面で体験しています。

彼の心を射止めるためには、最初の4分に命をかけるのです。

そのために、まず外見を整える方法をお話ししましたね。「賢い女」に見えるように丁寧に整えます。

最近、立て続けに男友達から「いい女がいない」と相談を受けました。彼らが言うには、「キレイな女はいくらでもいる。中身がある女がいない」のだそうです。

やっぱり、「賢い女」の第一印象は外せませんね。

そして、「オンナアイテム」を使って、自分は「女性でオンナである」と印象を残します。「オンナである」というアピールがあってはじめて、彼の「彼女候補」のアンテナにあなたがひっかかります。

外見の下準備は、ここまで説明してきたことを一つひとつ自分のものにしていれば十分ですが、4分の情報収集に耐えるために、もうちょっとだけ印象をよくする技術を身につけましょう。

私たちはとかく、男にモテるにはと、胸の谷間を強調してみたり、肌を出してみたり、サプリメントを飲んでみたり、ダイエットをしたり、服・下着・靴などなど、物に頼って、短絡的にどうにかしようとします。ある程度は、〝オンナ〟として整える必要がありますが、実はそれだけでは足りないのです。

男の目は付け焼き刃ではごまかせません。そんなに甘いものではないのです。付け焼き刃の武器でなんとかしようという態度は、男を甘く見ている証拠。男性は女性の裏の気持ちを読み取って、相手にしないか遊びの相手と決定づけます。

■第一印象はこの4つがモノをいう

男性が女性のよさを感じるのは、メイクより笑顔、胸の谷間より美しい姿勢、靴より美しい歩き方、かわいらしさより品のある言葉遣いです。

というわけで、出会って4分ひとめぼれの術には、さらに笑顔と姿勢と歩き方、そして美しい言葉をプラスします。

笑顔は、どんなに真剣な顔をしていても、ほほえんでいるように見えるのがポイント。表情筋をいつも笑顔にする一番の近道は、口角をキュッと1ミリ上げた状態で過ごすことです。

いつもいつも、気がついたら口角を1ミリ上げるよう、口元に力を入れます。これを表情筋が覚えるまで続けます。パソコンに向かっているときも、本を読んでいるときも、授業を聴いているときも、笑顔が失礼にあたらない場面では常に口角を上げて過ごします。

よく1日に1回笑顔トレーニングといいますが、出会って3秒というとっさのときには、残念ながら役に立ちません。

いつも笑顔でいられるよう、表情筋に覚えさせましょう。遠くから見ている誰かがあなたに告白してくれるかもしれません。

次に姿勢。最近の子はとても姿勢が悪いですね。首が前に出て、背中が丸くなって、見ていておばあちゃん？　と思ってしまいます。とてもだらしない印象になりますので、いくらメイクや〝オンナ〟アイテムで頑張っても台無しです。

まずは、力を抜いて肩を下げます。すると少し背筋が曲がりますが、このとき肩の感じは残したまま、腰骨を立てるようにまっすぐに。おなかのいわゆる丹田《たんでん》（おへその下あたり）に力を入れた状態です。すると無理なく美しい姿勢ができます。腰をそらしすぎないことがポイントです。

美しい姿勢ができたら、次は美しい歩き方。１本の線の上を歩いているイメージで、足は内側を前に見せるように踏み出します。つま先で線の上を歩くのではなくて、つちふまずで線をたどる感じです。

姿勢と歩き方は、家の中で鏡を見ながら板につくまで、練習するといいですよ。

私はアルゼンチンタンゴを習っていますが、教室では最初にただ歩く練習をします。

家でも時間ができれば、アルゼンチンタンゴを流しながらハイヒールをはいて美しい歩き方の練習をしています。

ダンスを習うと、立ち居振る舞いが美しくなりますから、いいかもしれません。

そして、最後に美しい言葉遣い。これは、いわゆるギャル語を使わなければ大丈夫です。「ていうか」「〜ってかんじ」「超〜」「マジヤバ」「〜なんだけどぉ」このあたりですかね。男言葉は論外ですよ。

初対面の4分では、笑顔で挨拶をして、プラス一言で差をつけます。たとえば、

「こんにちは、今日はお会いできて嬉しいです」

「こんにちは、楽しみにしていたんですよ」

「こんにちは、今日は時間をつくってくださって、ありがとうございます」

などなど、相手が気持ちよくなる言葉を一言そえましょう。

これで最初の4分は完璧です。最初の4分さえ押さえれば、あとは楽ですから、しっかり練習しましょうね。

最後にワンポイントアドバイス。**自分が本当に4分でひとめぼれの術をマスターしているかは、お店に行って確かめます。**

ショップの店員さんに丁寧に接客されたり、親しく会話ができる。カフェやレストランでいい席に案内されたり、サービスをたくさん受ける。こんな体験ができたら、あなたの4分でひとめぼれの術も、本番で使う準備が整っています。

人生って、楽しんでいるうちに開けるもの。楽しむ心で、ここまでのレッスンを実践してみてくださいね。

STEP 3

男ゴコロのビミョウなからくり

男ゴコロは「3つの欲求」でできている

■「恋に落ちる」って意外と単純

「恋愛って案外シンプルなんですね」

カウンセリングに訪れたクライアントさんが、最後に必ず口にする一言です。

世間のものさし、自分のものさし、彼のものさし、自分の感情、彼の感情、とりまく環境……彼と恋愛関係を築くには、純粋な2人のやりとりだけでは済まないのが現実。だんだん目の前の複雑なやりとりにばかり目がいき、視野が狭くなって、何をしていいのやらわからなくなるようです。

さらに混乱を助長するのは、世の中にあふれる恋愛情報です。数多くの恋愛テクニックが提供されるので、輪をかけて混乱します。これらテクニックは、みな真実ですし、本来はとても役に立つものですが、使う時と場合や、相手をよくよく把握していないと効力を発揮しません。

「木を見て森を見ず」な状況にはまり込んでいくと、恋愛を難しく感じ、恋愛が苦手、彼氏ができない、男心がわからない、モテない、とだんだん気持ちがふさぎ込んでいきます。この悪循環は、目の前の彼や男という生き物についてもう少し、本質的なことを知ると抜け出せます。

そこで、あなたにまず身につけてもらいたいのは、視点を広げたり縮めたりする技術です。

私が売れないホステスとして悩んでいたときにハッと気づかせてくれたママの言葉がちょうどあなたにも当てはまるので、ご紹介しますね。

「人として、女として、ホステスとしてどうなのか。この順番で考えてごらん」

恋愛でも、同じことが言えます。彼ができないと悩んでいる人の思考はこうです。

「まさる君って、どんな女の子が好きなんだろう。男ってやっぱり尽くす女がいいのかな。じゃあ、まさる君に尽くしてみよう。でも、あんまりやるとウザッたがられるかな。あー男の人ってわからない。私ってどうして恋愛がうまくいかないの?」

逆に、私が同じ立場で、まさる君の心を射止めたいと思ったらこう考えます。「人間関係で人が究極に求めているのは、承認。まさる君を認めているってメッセージはどんな行動をして、どんな言葉をかければいいかな。それから、人が人間関係に求める根本的な欲求の中でも男の人は3つが特に重要だから……、まさる君の3つの欲求は何をしたら満たせるかな〜。そしたら振り向いてくれるよね」

恋愛下手な女性は、「まさる君」「男」「自分」を行ったり来たりですね。それに比べて、私は「人間」「男」「まさる君」「自分」と4つの視点を広めたり、縮めたりしているのがわかりますか?

恋愛は何も特別なことではなくて、人と人との交流にセックスがからんでくるだけのこと。土台は、人と人の交流です。

物事は何にでも基本となる土台があり、それから応用があります。

恋愛の基本にあたるのが、人と人との交流。その次に男と女の交流。そして、最後にあなたと彼の交流です。

恋愛上手になるとは、つまり、

① 人
② 男女
③ 個々

の順番で関係を築き上げていくことです。とてもシンプルです。

土台の「人」の交流を築かず、いきなり「彼」との交流からはじめるのは、家にたとえると、2階からつくるようなもの。できあがった関係は、砂上の楼閣とも言えます。

「はじめに」でお話ししたように、私たちは自分以外の誰かに認められるという体験なしには生きていけません。まず大切なのは、彼という人間を認めること。これがベースだと頭に入れてください。

■彼の欲求よりも、人間の欲求を満たそう

そして、次に男性の欲求を満たすこと。私たちが人間関係に求める根本的な欲求

の中でも、男の人が特に望んでいる欲求を満たしていきます。それは以下の３つ。

① 優れている・万能である自分（承認）
② 相手に対して影響力のある自分（優越）
③ 相手を援助し、育てる力がある自分（養育）

この３つをまるまる満たしてほしい。つまり、３つができる自分だと認めてほしいのです。

なぜ、この基本的な男性の３大欲求が重要なのでしょうか？

それは、知り合ってすぐは「彼が何を好み、何を嫌うか」など、個人的な情報をあまり持っていないからです。

当たり前ですが、彼個人の欲求を満たすところから入ると失敗したり、何をしていいのかわからなくなります。

そこで、私の考え方のように、彼個人を超えて、そもそも人間が欲する基本的なところ、男性の基本的なところから満たしていくと土台の交流がうまくいき、彼との次のステップへ進むことができるのです。

３大欲求の具体的な満たし方は、順を追ってお話ししますね。まずは、「人」「男」「個人」の３つの視点を持つ。土台をつくり、積み上げていくと覚えてくださいね。

「モテない言い訳」を手放そう

■彼氏がいない理由を考えすぎない

恋愛関係を築いていく3つの視点と、男が持つ3つの欲求という考え方がわかったところで、恋愛がうまくいくかというと、そうでもないんですね。「わかったけどできない」という罠《わな》が残っています。罠から抜け出すために、もう1つ、発想の転換となる技術のお話をします。

視点を臨機応変に行き来し、3つの欲求を満たすために、「うまくいくためには、何をすればいいのか」と自分に問いかける技術を身につけます。

わかったけどできないというあなたは、「だって私モテないし、何をしたらいいかわからない。自分のダメなところもわかっていないのに、いきなり行動なんてできない。自分が今までモテなかったのは、3つの視点と3つの欲求を知らなかっただけじゃないはず。他にもあるのよ。そんなことでうまくいくはずないわ。他にも自分のモテない原因を見つけなくっちゃ」と早速、考えはじめているのではないでしょうか？

原因を究明すれば道が開ける、といった発想にとりつかれてしまい、いつまでも前に進むことができないのです。

現実は何か1つの原因によってつくられる、といった単純なものではありません。推理小説のように、犯人を見つければ終わりではないのです。

そうは言っても、カウンセリングでは、いったん原因についてお話をします。そして原因らしきものが見つかると、クライアントさんはこんな質問をします。

「原因はわかりました。でも、どうしたら彼氏ができるんですか？」

彼氏ができない原因さえわかれば、さっきまで「彼氏ができる」と頑《かたく》なに信じていた人たちでも、ひとたび原因がわかると、今までの原因追求への執着を鮮やかなまでに手放し、今度は解決策に興味を持つのです。

本来、原因追求と解決構築は連続しているようで、まったく別の思考を使います。彼氏ができないと嘆いているなら、「どんなことをすれば彼氏ができるのか？」という「これからできる」ことに注目したほうが、解決が早いのです。

■「私とつきあうとこんなにおトク！」を見せる

原因究明に執着する人には、こんなメカニズムが働いています。

結局のところ、そうなったもっともな理由という免罪符がないと、今までのモテない自分の置きどころに困ってしまうのです。彼をつくるという未来に向かってではなく、あくまで過去の自分のため。

でもこうしていると、いったん戻って、そして前に進むので、とても時間がかかります。とりあえず、前に進む努力に目を向けて、前に進んでから、それでもまだ気になるなら、今までの敗因を考えても遅くないと思いませんか？

対照的に、モテる人は、どうしたらこの状況をうまく展開させられるだろうかという、未来のために敗因分析をします。過去ではなく、未来の彼とうまくいくというゴールのために使っているのです。

常に「うまくいくようにするため」のことを考えているので、どんどん前に進みます。うまくいかなかったことにとらわれるのではなく、他の方法を常に探すので、前に進めるのです。結果、愛される女へと成長し続けます。

では、あなたも自分に問いかけてみましょう。

「どうしたら男性から愛されるようになるのだろうか?」

男性はどんな人を愛するか……。答えは、メリットのある人です。**男性はメリットがないと恋愛をしません。**とにかく、男性は社会的な生き物なのです。恋愛が、自分の社会での自己実現にプラスになると思えば恋愛をします。

私も過去にはそうでしたが「私と仕事、どっちが大事なの?」などと愚問をつい投げかけて、さらに嫌われるという悪循環をひきおこしていました。男性にしてみれば、もちろん「仕事」。ちょっと優しい人になれば、「仕事と恋愛は同じ次元で考えるものではないから、どちらも大事だよ」と答えるでしょう。

しかし、女性は、感情的な満足のために恋愛をするので、そのことを受け入れられません。STEP1でお話ししましたね。愛される女性は、いったん男性を受け入れてから、自分の取り扱い法を彼に伝えました。

どうしたら男性から愛されるようになるかの本当の答え。それは、「自分とつきあうとメリットがありますよ」と教えてあげることなのです。

「オンナ」と「性別女」と同じしくみで、わかりやすく男性に対して表現します。

レストランで食事をするときに、看板だけで店を選びませんよね？　どんなものが食べられるのか、メニューを見ます。価格を見ます。店の雰囲気をちょっと覗《のぞ》いてみます。表に看板以外何もないお店には入りにくいですよね？

同じことです。彼にも「自分と恋愛するとこんなメリットが得られます」と見せてあげるのです。どうしてダメなんだろう？　という思考は恋愛で何か問題が起きたとき、必ず恋愛を壊す方へ働きます。

彼とつきあってからも役立つ、「何をしたら、どう考えたら、うまくいくのだろうか？」という思考法に切り替えましょう。

原因究明よりも、解決への道筋をつくることに集中すると、自《おの》ずとすべてのことはうまくいきます。これは人生一般にも通じる考え方です。恋愛だけでなく、あなたの人生全般もいい循環で回りはじめますよ。結果、あなたは自然と魅力的な女性に成長できるのです。

あなたはもしかすると、思考法を切り替えるだけで、彼氏ができてしまうタイプかもしれません。

では、次項からは、その「メリット」について詳しくお話ししていきます。

「そばにいてほしい女」はここが違う！

■「自分が成功できるか」がカギ

思考法が変わったあなたも、そうでないあなたも、男性から愛される女性になるために、何はなくとも男性に対して「メリット」を見せていきましょう。

とはいっても、ついつい原因を探してしまう「ダメダメ頭」から離れられないと、「メリットを見せる」のはハードルが高いでしょうね。

「ダメダメ頭」のあなたは、つきつめると、「自分はダメ」だと思っています。ですから「見せるメリットなんてない」と、なんとなく感じていませんか？

そこで、頭や心に直接向き合うことはとりあえず置いて、行動の面から頭と心を慣らしていきましょう。行動を変えると内面は後からついてきます。私たちに備わっている、心理的しくみをうまく使うのです。

男性にとって恋愛がメリットだと感じる最大のポイントは、「成長・向上でき

る」こと。男は社会的な生き物なので、恋愛にも成長や向上を求め、恋愛をすることで仕事がうまくいくようになると、その相手からは離れられなくなります。

「歴史は夜つくられる」という話はやはり真実で、成功した男性の陰には、必ず成功というメリットを与えられる女性がいました。

というわけで、男性の3大欲求を満たし、さらに恋愛するメリットがありそうと男性に伝える具体的な手段をお教えします。

【男に愛される女の10カ条】

①　オンナである
②　賢さ・品性・教養（言葉遣い・姿勢・歩き方・小物〈キャラクター物はNG〉）
③　笑顔
④　素直さ（「ごめんなさい」「ありがとう」「そうだね」がすっと言える）
⑤　論理的であるor感情のコントロールができる
⑥　きちんとしている（お金の管理・時間厳守・身ぎれい・貸し借りの管理）
⑦　かわいげ（常に彼を尊敬する言葉遣い。「わぁ～やっぱり違うね」「すごい」など）

⑧　自分の世界がある・夢を持っている
⑨　女友達も適度にいる・女友達との時間を大切にする
⑩　特別感

①〜③は、ＳＴＥＰ２でお話ししましたね。実は、ＳＴＥＰ２でお話ししたことは、第一印象に効くメリットの表現方法でした。もちろん、第一印象をよくするためだけでなく、継続して見せていきましょう。

④の「素直さ」は、次項で詳しく説明しますが、要は素直な態度が男性の有能感や影響力や育てる力の「３大欲求」を満たす最も効果的な方法だということです。

⑤「論理的であるｏｒ感情のコントロールができる」のうち、感情のコントロール方法についてはＳＴＥＰ１でお話ししましたね。男性は「感情」で恋愛をしません。感情がコントロールできると、男性の愛し方を受け入れやすくなります。さらに、彼はあなたが感情的にならないので、自分と似ていること、自分を受け入れていることの両面から安心します。

「論理的である」というのは、前項でお話しした「うまくいくためには、何をすればいいのか」という技術のことです。会話に肯定語が増えるので男性は気分がいい上に、成長や向上を感じて恋愛のメリットを見いだします。

実際に、お客様からよくこんな話を聞きます。

「かわいいけど、気持ちがなえてしまう女の子っているんだよ。まぁたいてい、いつまでも売れないから、男は共通して同じところで判断していると思うんだけど。男って、いいと思った子には売れっ子になってもらいたいから、アドバイスするんだよね。たとえば、『あとちょっとだけ色気を出したら？』とかさ。すると、気持ちがなえちゃう子って、『私には無理。だって〜』ってすぐに、できない理由を探して話し出すんだ。でも、ずっと応援したい子って『そっか。あとちょっとだけ色気を出せばいいのね。どんなことに男の人は色気って感じるの？』って、できる方法を探して前向きなんだよ」

できないと思っても、彼の前では「じゃあ、どうやったらできるようになるかしら？　それって、たとえばどんな風にすること？」が口癖になるようにしましょう。言うだけで、だんだんあなたの気持ちも頭も前向きになりますし、彼にもウケがいいので一石二鳥です。

⑥「きちんとしている」は、STEP2で説明しましたね。きちんとしていると、結婚まで続く、本命の彼女として考えてもらえます。きちんとしていることは、「論理的であること」や「賢さ」ともつながるので重要です。待ち合わせは5分前に到着する。借りたものはすぐに返す。身ぎれいにする。食事のマナーで特に箸使い、食べ方を美しくする。字は美しい楷書。言葉遣い。……イメージとしては、彼がどこに出しても恥ずかしくないと思える女性として振る舞うことです。

⑦「かわいげ」と⑩「特別感」は、後で詳しく説明しますので、ここでは省略します。

■大事なのは、自由を感じられるかどうか

さて、⑧と⑨ですが、これは3大欲求だけでなく、もう1つ男性が恋愛に求めている、ある重要なことを満たせる女だと表現できます。とても重要です。

男性は、恋愛に「自由」を求めます。「自由」がない相手とは恋愛をしません。

何も、浮気がしたいから、遊びたいからではなく、社会的に自己実現する時間や1人深く思考する時間がないと、男性は生きられないからです。

男を翻弄する女、いわゆる小悪魔や追いかけたいと思われる女は、男を自由にするので結果、男から好かれるのです。

ですが、小悪魔テクニックを使おうが、追いかけさせるために駆け引きをしようが、「自由」というキーワードを心得ていないと、うまくいきません。

今まで、「小悪魔なんて」「駆け引きなんて」と思っていたあなたには、光がさしたのではないですか？　そう、彼に「自由」を感じさせてあげればいいのです。

その具体的な方法が、「自分の世界がある」「夢を持っている」「女友達との時間を大切にする」ことになります。

「彼ができません」「できてもすぐ別れてしまいます」「もう5年も彼がいません」という女性に共通するカウンセリングの会話です。

水希　「どんな生活を送っているの？」

クライアント　「会社と、あとは友達とお茶したり、お食事するくらいで……」

水希　「休日はどんなことするの？　趣味とか、打ち込んでいることは？」

クライアント①　「うーん、特にないですね。ぼーっとしていると終わっちゃうというか。彼がいれば彼と一緒に過ごします」

クライアント②「女友達とつるんでいれば、まぁそれなりに楽しいです」

クライアント③「今は、アロマに夢中で、その講座に行くことが生き甲斐です」

水希「将来こうなりたいとか、人生設計は？」

クライアント「まぁ、どこかで結婚できればいいかなと思ってます」

たぶん、読んでいてあなたも「これじゃ魅力ないわ。彼ができなくて当然」と感じてしまったのではないでしょうか？

私は何も講座に打ち込むのが悪いとも、結婚が最終ゴールという考えが悪いとも、友達とつるむことが悪いと言っているのではありません。

幸せな結婚をしたいという夢があるのなら、準備することがたくさんあるはずです。

良き妻・良き母になるために、コミュニケーションを学ぶことだってできます。料理の腕を磨く、栄養について勉強する、掃除法や洗濯法を研究する、アイロン掛けの腕を上げる……打ち込むことは無限にあるはず。これらは自分の世界や夢と呼んでもいいのではないですか？

花にたとえてみましょう。男から愛されない女性とは、花びらが1枚しかないお花です。咲いていても、花だとは誰も気づかない。花としての魅力がありません。

魅力的なお花・キレイなお花は、花びらがたくさんありますね。薔薇《ばら》や牡丹《ぼたん》、芍薬《しゃくやく》、向日葵《ひまわり》などなど。百合《ゆり》は花弁の枚数は少なくとも、1枚1枚が大きさをもって全体で華やかな主張があります。

家族・会社・友達・趣味・学び・夢・恋愛……と、たくさんの花びらを持った女性になることをイメージしましょう。

たくさんの花びらがあれば、まず男性には魅力的に映ります。その上、たくさんのことに興味があるので、自分だけに寄りかかってはこないだろうと彼は思い、「自由」を感じます。これなら、「仕事に集中したいときは打ち込めるだろう」「1人になりたいときはわかってもらえるだろう」となるわけです。

さらに、魅力的なあなたなので、「これは一生懸命『愛している』ことをアピールしないと、誰かにとられてしまうぞ」と彼は感じ、あなたがびっくりするくらい「愛して」くれます。

おわかりですか？　小悪魔テク・恋の駆け引きなどしなくても、あなたがたくさんの花びらを持った美しい花であれば、あなたが思い描いているように愛されるのです。

ただし、1枚1枚の花びらの大きさは同じにすること。どれかが大きくなりすぎると、美しくありません。社会的な生き物の男性は、バランス感覚も同時にチェックしていますから。

10カ条にあることを、男性の前で表現していこうと集中していれば、いつのまにか彼ができますよ。できない理由を探している時間はすべて、「できるようにするためには何をしよう」と、常に10カ条に取り組む時間に変えてくださいね。

男は「コミュニケーション上手な女」が好き

■素直でかわいく見えるミラクルフレーズとは

恋愛は、愛を伝え合う交流。愛とは、無条件に相手の存在や価値を認め合う交流でした。ですから、恋愛のすべてはコミュニケーションの質で決まるといっても過言ではないでしょう。

コミュニケーション上手になることが、恋愛上手への道。といっても、一気にあれもこれもは大変です。そこで、P86の10カ条の④「素直さ」と⑦「かわいげ」を満たす技術を紹介します。**最低限の技術ですが、実は一番簡単で効果が高いんですよ。**

男性の3大欲求を満たし、素直さとかわいげをアピールできるミラクルフレーズです。このフレーズさえ口癖になれば、鬼に金棒。モテる子を観察してみると、けっこう皆さん使っていますよ。

あなたはこんな会話をしていませんか？

彼「俺すごい本見つけちゃったんだよ。あのね、〇〇っていうんだけど……」

あなた「あ～、それなら知ってる。こないだ話したじゃん。聞いてなかったの？」

彼「もう少しだけ、あの企画は詰めた方がいいよ。要は、対象をどこにするかで……」

あなた「わかってるよ。でもね、うちの業界は～で、だから……」

彼「もうちょっとメイクしたら？」

あなた「余計なお世話よ。どうせあたしはかわいくありませんから」

彼「時間にルーズなの、直してほしいんだよね」

あなた「努力しているんだけど、今日は電車が人身事故で、私は余裕で家を出たから……」

どれも素直でなく、かわいげのない女ですね。これを一気にかわいげがあって、素直な女に変身させるには、このミラクルフレーズを使います。

「そうなんだorその通り」＋「それとねorあとはねor実はね」

使い方はこんな感じです。

彼「俺すごい本見つけちゃったんだよ。あのね、○○っていうんだけど……」

あなた「そうなんだ。実はね、私も最近その本のこと気になってたの♪」

彼「もう少しだけ、あの企画は詰めた方がいいよ。要は、対象をどこにするかで……」

あなた「その通りだね、さすがよくわかってるね。あとはね、うちの業界〜だから」

彼　「もうちょっとメイクしたら？」

あなた「そうだね。その通りだと思う。実はあなただから話すんだけど、私自分の顔に自信がなくて、それで……」

彼　「時間にルーズなの、直してほしいんだよね」

あなた「今日は遅れてごめんなさい。それから、指摘してくれてありがとうね。実はね、今日は余裕を持って家を出たのだけれど、人身事故があって」

どうですか？

ミラクルフレーズがついただけで、同じことを話していても、素直でかわいげがある女性に変身していませんか？

■口癖にしてみよう

実はこのミラクルフレーズ、言おうと思うとかなり難しいのです。私も口癖になるまで、かなり苦労しました。

特に、自分が正しいと思っているとき、自分のコンプレックスに関わることなどは、とりあえず「そうなんだ」と受け止められない。ついつい「でも〜だから」「あなたは知らないから。でもこうなのよ」などと言ってしまうのです。

シナリオのところでもお話ししましたが、これはもう、はじめは感情や考えなどは無視して、とにかく「そうなんだ」と、彼の話を受けるよう機械的に繰り返しましょう。

会社に入ったとき「お世話様です」「申し訳ありません」「かしこまりました」などが言えなかったでしょう？

でも、繰り返し使っているうちに、口が慣れて言えるようになったはずです。このミラクルフレーズも同じ。とにかく口癖にしましょう。

声を1トーン上げ、笑顔をつくると、自然に気持ちが盛り上がって、すらっと言えます。

男性は、むきになって話をしなくても、とりあえず自分を受け止めてもらえれば、その後は女性の話を聞いてあげたいという気持ちになります。

そもそも、育てたいとか力になりたいという欲求が強いので、本来は女性の話をとても親身になって聞いてくれます。もちろん、はじめに彼を認め、素晴らしいと受け入れていればの話ですが。

実はミラクルフレーズが言えるようになると、「おねだり」も簡単にできてしまいます。彼は受け止められ、認められ、気分をよくしているので、「よしよし、何でも聞いてやるぞ」という気持ちになっているのですよ。

かわいげがあり素直であれば、おねだりもできてしまう。これは、実践しないわけにはいきませんね。

気が利くばかりが愛されるわけではない

■男は「特別感」を味わいたい

モテる女というのは、つまり男が欲しているものを与えられる女です。

STEP2でお話ししたように、「男性からの情報」を信じ、実行します。世間の常識・女の論理に惑わされることがありません。私はこうして、男性のことについて本を書くときには、必ず偏りを防ぐために、いろんなタイプの男性にこれで正しいかと「男性の意見」を聞くくらいです。

といってもみんながみんな、幅広く男性の意見が聞ける環境にいるわけではないですね。そこで、男が欲しているものを誰でも与えられるようにP86で10カ条をご紹介しました。

その最後にあった「特別感」についてお話しします。

男性は、彼女にとって「一番特別な存在」でいたい生き物です。3大欲求を刺激しながら、「特別感」を満たしてあげると、あなたとの恋愛にメリットを感じてくれます。

彼はあなたにとって、優れた男として、影響力のある男として、あなたを育て成長させる男として、常に一番で特別な存在でいたいのです。

世間では、「気の利く女」や「尽くす女」がモテると言われていますが、それは正しくもあり、間違いでもあります。あるときは「気が利く」面を見せればいいし、あるときは「尽くす」面を見せればいいのです。

一面的に「気が利けばいい」と彼に気配りをするのは、単なる手抜きです。モテない女性はどうしてもラクして、恋愛のコミュニケーションをしたがります。あなただって、彼に頼りたいときもあれば、彼に頼ってもらいたいときもありますよね？

そのときそのとき、求めることは変わるものです。

コミュニケーションはやりとりですから、流れていきます。生きているのです。ただ1つの正解などありません。正解がないから、面白いし、誰でもコミュニケーション上手になれるのです。

■意外にモテない「尽くす女」

話を戻して、男性は「特別感」を、あなたが尽くすことや、あなたに気を遣ってもらうことでは感じません。

あなたの論理だと、尽くしたり、気を利かせることで、「あなたはそれだけ私にとって、大切で特別な存在です」と言いたいのでしょうね。しかし、男性にはコントロールや支配のメッセージとして受け止められます。

あるとき、お店でこんな会話になったことがありました。

Rさんには、仲間もうらやむ彼女がいます。彼女はとっても面倒見がよくて、Rさんに毎日お弁当をつくって持たせてくれたり、時には職場に夜食を差し入れに来たりする。

休日も、Rさんが仕事で忙しいときには無理に出かけずに、家の掃除をしたり、ご飯をつくったりと、ここまでの話を聞くと、とてもいい彼女に聞こえます。実際、仲間の男性陣も私たち女性陣も何の不満があるのだろうかと話を聞いていました。

するとRさんは「いろいろしてくれるのはいいんだけど、そのあと彼女が満足してくれるまで、感謝の気持ちを言葉でも態度でも表さなくちゃいけなくて、疲れちゃうんだよ。見返りを求められるっていうか。だから最近は何かしてもらうと気が気じゃなくて。今度は何をすれば彼女は満足するんだろうって。これってもう自発的に彼女を愛しているんじゃなくて、愛させられてるんだよ。疲れちゃうんだよね」。

この発言に、男性陣は、

「ああ、たしかにあるな。手料理を食べさせれば、尽くしている、いいお嫁さん候補でしょうと言わんばかりにアピールされている気がして……。最終的には無言のこの圧力に負けて、俺は結婚しちゃったけど」

「そうだよなぁ。俺が彼女のことを好きで自発的に何かしてやりたいと思って、彼女にしてあげて、彼女がものすごく喜んでくれたときが一番幸せを感じるよな」

「男ってやっぱり与えたいよな。あまり尽くされると与えるスキがなくて苦しいよな」

Rさんをはじめ男性は、女性の「尽くす」という行為の裏のメッセージに抵抗しているのです。

尽くす女性の側の大多数は、「私がこれだけしてあげているのだから、あなたは私のものとして側にいるのが当然です」と行動の裏で、相手を支配・コントロールしようとしています。この尽くすという行為の裏の「支配・コントロール」を男性は感じとって、「尽くす女」を嫌うのです。

■ 彼が喜ぶツボって？

尽くしたり、気を利かせる一辺倒な気持ちの伝え方は、逆効果。「特別感」を与えるどころか嫌われます。与えるスキも、優越感や育てている感覚も感じさせることができません。

では、男性にとって何が「特別感」なのでしょうか？

「男性は、特別扱いされていることを、ちょっとした心遣いから感じ取りたい」と思っています。愛される女性は、男性が単なる「好き」という女性の言葉や一方的な押し付けの愛情行動では満足しないことを知っています。

そこで、私はホステスとしてはこんなことをしました。

お中元・お歳暮・誕生日だけでなく、旅行に出かけたら小さなお土産を、いいものが見つからないときはハガキを送ったり。本当に些細《ささい》なことだけれど、いつも気にかけていることがわかるような行動をすることにしました。

お店で会話しているときに、お客様が手づくりのおにぎりに凝っているという話題が持ち上がれば「最高のお米」を贈る。語学を習いはじめたと聞いていれば筆記用具を贈るというように、興味を持っていなければ忘れてしまうだろうな、という些細なことの中から、贈りものを選んでお渡しするのです。

手間ひまかかりますが、このちょっとした心遣いから「特別感」を感じられる贈りものが、男性には一番気持ちが伝わります。

モテない女性は、自分があげたいと思った話題のお菓子を贈ってしまいます。これでは愛の押し売りです。ですから、同じ贈るでも男性に響かない。これは、自分が美味《おい》しいと思ったものを相手に贈っているからで、相手が求めているものではないから。

相手が欲しいと思っているものを、想像力を働かせて贈る。すると男性には「あぁ、この子は俺にすごく興味を持ってくれているんだな。ちょっと特別扱いされているのかな」という気持ちが起きるのです。

私のプライベートの恋愛では、彼はゆで卵が大好きな人だったので、1個つくっていき、おやつとして出したところ、とっても感激されました。

私の中でも最高の「特別感」を援助できたのは、こんなフォローです。美しいものが好きな彼に「今日の月はとってもキレイ。眺めてみてね」とメール。彼は忙しく、心を疲弊しがちだったので、どんなフォローをしようかと考えた末の行動でした。

すると後々に彼から「時々辛いときにタイミングよく来る一言メールに、いつも心癒されていたんだよ。僕がキレイなものが好きなのを知っていてくれるのも嬉しかった。僕のことをよーく考えていないとできないことだからね。こんなフォローをしてくれた女性は水希だけだよ」。

彼がどうしたら喜ぶだろうか、どうしたら特別な存在なのだと感じてもらえるだろうかと、想像力を働かせて行動することが、モテて愛される女への道に通じます。

彼から愛されたければ、想像力を働かせて、彼の欲していることを行動で示す。

これが「特別感」を満たすポイントです。

STEP 4

雰囲気が変わると「大好きな彼」が寄ってくる

「すごい」と言われないけど「すごい」女性のヒミツ

■賢さとかわいげの両立がキーワード

いよいよ、彼の世界に寄り添って、彼に無条件に存在や価値を認められる心地《ここち》よさや安心というリラックスを感じていってもらいましょう。ＳＴＥＰ４では、そのための具体的なスキルを身につけます。

ところで、男とは欲張りな生き物です。本命彼女には、賢さとかわいげの両立を求めます。バリバリ仕事をこなすけれど、自分の前では仕事の有能さは持ち込まない。職場で完璧な気遣いができるけれど、自分には与えるスキをくれる。そんな女性を求めています。

賢さとかわいげを両立できる「すごい女」が自分の彼女であることに、男としての存在や価値を見いだします。

男にとっての「すごい女」になるためのキーワード、それは「好奇心」です。

「すごい女」は「男に愛される女の10カ条」（P86）のうち、②④⑥⑦⑧⑩を一気に満たしてしまいます。愛される女性になるためにも、外せないスキルです。

今思えば、私の曾祖母は「すごい女」でした。私は当時4歳と幼かったのですが、曾祖母との次の会話を今でも覚えています。

水希「ねぇ、おばあちゃまはなんで、つまらないお相撲が好きなの？」

曾祖母「それはね、おじいちゃまがお相撲を好きだからよ」

水希「おじいちゃまが好きだと、おばあちゃまも好きなの？」

曾祖母「水希ちゃん、おばあちゃまもお相撲、はじめは好きじゃなかったし、つまらなかったわよ。でもね、おじいちゃまと一緒にテレビを楽しむには、おじいちゃまの好きな番組を見るしかないでしょ。同じ見るのなら、つまらないと思いながら見るよりも、楽しもうと見ている方がいいよね。わかるかな？」

水希「うーん……」

子供でしたので、曾祖母の言う意味があまりわかりませんでした。大人になった今になれば、なんて素晴らしい考え方なのかがわかります。曾祖母は曾祖父と楽しく一緒に時間を過ごしたい、そのためには曾祖父の好きなものを好きになろうと考えた。

もちろん、明治生まれの人ですから、家父長の権力が絶大で従わざるを得なかった状況だったのでしょう。しかし、自分の置かれた状況下で曾祖母は、自分も楽しく、家父長を立てて家庭も円満にいく道を実現するために、相撲の楽しめるところって？と「好奇心」を使ったのです。

■ピンポイントでいい、彼の趣味を押さえよう

男のプライドは聖域です。絶対に犯してはならない神聖なもの。

自分の知識や有能さで賢いと思ってもらうのではなく、曾祖母のように「好奇心」を使い、かわいげのある賢さを見せましょう。つまり、彼の興味のあることに関心を示し、詳しくなるのです。

これは元タレントの島田紳助さんも、何かでお話ししていましたが、「たった1

つでもいいから、詳しく知っている分野があるといい。掘り下げてそれだけ知っていると、男のプライドを傷つけず、かわいげのある賢い女だと思ってもらえる」のだそうです。

私の場合、専制君主のような彼とつきあったときに、曾祖母との会話を思い出し、彼の好きなものを好きになる努力をしました。

彼はプロレスが好きだったので、テレビで一緒に観戦しました。私はプロレスが大嫌いで、見ていると吐き気がしたのですが、それでも何とか楽しもうとしているうちに、アメリカのプロレスＷＷＥだけは楽しめそうだと見つけることができました。今では、かなりマニアックに話すことができます。

毎週ＷＷＥの放映時間を彼と一緒に心待ちにしたり、彼が忘れているときは「時間だよ」と私から促したり、見られないときはビデオに録画したり……。そうしているうちに、彼はどんどん私との時間を持つようになってくれました。

また、車にこだわりのある彼でした。彼がエンジンの話を語っていても、退屈だと聞き流しませんでした。自分も詳しくなれば彼が私と話したくなると考えて、好奇心を働かせて、一生懸命勉強しました。今では、ロータリーエンジンについては、多少つっこんだ会話ができます。

これがとても水商売、そして不特定多数の男性と話すときに役に立ちました。男性の話したい話題で盛り上がることができるので、すぐに気に入られるのです。

そして、特段頭のよさなど関係のない分野ですから、かわいげのある賢いオンナとして男性の目には映るのです。

彼もあなたが、自分と出会うまではまったく興味がなかったであろう分野を、あなたが知ろうと努力している姿にかわいげを感じます。その原動力「好奇心」に賢さを感じ、惚《ほ》れるのです。

タレントの眞鍋《まなべ》かをりさんが、パソコンに詳しくて一気に男性に人気となったことがありましたが、それを見てもわかりますね。彼女は横浜国立大学を出ていて、学歴もありますが、男性の好きなものに詳しいというスタンスをとって、賢さとかわいげを両立させた好例だと思います。

■たいがいの男は、こんなジャンルが好き

さて、好きになった彼の好きな分野を好きになるのは当たり前です。それ以前に、

私たちは彼氏をつくる土台づくりをしていましたね。

男性がこだわりを持っている分野のリストをあげますので、どれか1つ、好奇心を持って深めておきましょう。

男性の興味がある分野にこだわりがあると、たとえそれが彼の好きな分野でなくとも、「きっとこの娘《こ》は、僕の好きな分野も好きになってくれるに違いない」と、相手は勝手にいい勘違いをしてくれます。

【分野】	【注目ポイント】
車	車種・エンジン・機械・タイヤ・レース（F1・パリダカ）
時計	ブランド・機械（構造、特にトゥールビヨンについて）・歴史
カメラ	メーカー・機械・写真・デジタル・フィルム
スポーツ	サッカー・野球・ラグビー・アメフト・アイスホッケー
音楽	オーディオ機器・スピーカー（ソフトよりはハード面）
政治・経済	ドラッカー・マルクス・ウェーバー・軍事
歴史	戦国時代・明治維新・近現代（第1次大戦・第2次大戦）

人生訓　松下幸之助・本田宗一郎・カーネギー
心理学　フロイト・ユング

とにかく1つの分野でいいので、少し深い会話についていけるよう、好奇心を使い、情報収集をして、知識を深めておきましょう。

本命には「安心」&「心地よさ」を求める

■育ちのよさを感じ取らせよう

私たちは人との関わりで、安心と心地よさを満たそうとします。

では、男が女の中に感じる安心とは何だと思いますか？

実は、「育ちのよさ」。男が、本命彼女に求めているものは「教養」「自立心」「品性」「コミュニケーション能力」でした。これは端的に言ってしまえば「育ちのよさ」なのです。

「自分は普通の家に生まれたし」「お嬢様じゃないし」といって、あきらめるのは早い！　男がいう育ちのよさとは、「芦屋《あしや》のお嬢様」ではなく「大切に育てられてきた」「愛情をかけられて育ってきた」ことがわかるという意味です。

男性は「大切に育てられた」「愛情をかけられてきた」育ちのよさから、きっと自分にも「優しく、大切に、愛情を注いでくれるに違いない」と想像するのです。

男だって愛されることで安心したいですからね。

それはもちろん、これから身につけることでも可能です。

では、男性はどこでその「育ちのよさ」を判断しているのでしょうか？　出会った当初、私たちも彼の深いところまではよくわからないように、彼も私たちの深いところまではわかりません。結局、表面的なことで判断しています。

表面に育ちのよさが表れるの？　と不思議に思うでしょうね。ところが、脅かすわけではないのですが、「育ちのよさ」は表面に一番端的に表れると男性は言います。

実は男性は、ある一場面で意識するしないにかかわらず判断しています。それは、「食事の場面」です。

私はホステスをしていたときに、よくお客様から「君のような人がなぜホステスをしているの？　住んでいる世界が違うはずだ」と、おほめいただいていました。理由を聞くと、お客様が共通して答えるのは、「食事の際の身のこなしが美しいから」と。

またプライベートでも、遊び人の男性が続々と更生して、私に本気になることが続いた時期がありました。その理由を聞いたときにも、食事の際の身のこなしで大切にしなくてはいけない女性だと思った、と教えてくれました。

私はごく普通の家庭に育ったので不思議でした。よく考えてみると、祖母から「お魚の食べ方」「箸の使い方」、両親からは「ナイフとフォークの使い方」を徹底的に仕込まれていたので、そのせいでしょう。

ロスチャイルド家に嫁いだナディーヌ夫人は、お嬢様の出ではありませんでしたが、上流社会のマナー（立ち居振る舞い）を身につけることで、ロスチャイルド家に嫁ぐことができました。

もし、あなたが育ちに自信がないならば、これからお話しするポイントに絞って、立ち居振る舞いに気をつけると、「育ちのいい女性」のオーラをまとうことができます。

なぜ、食事のマナーが大切なのかというと、食事には反射神経のようにそれまでの躾《しつけ》が出るからなのです。食事にすべてが出るといっても過言ではないでしょう。

箸が使えなければ、箸使いも教えてもらえない環境で育ったのではないか。魚の食べ方が汚ければ、食べ物を粗末にする家庭で育ったのではないか。早食いをしていれば、早く食べなければいけない環境で育ったのではないかと、けっこう細かいシチュエーションまでを、男性は一瞬にして推し量っています。

私たち女同様、男にとってもパートナー選びは一生を左右するので、気合いが入っています。

ということで、言い訳無用。男性がチェックしているポイントに従って、「育ちのいい女性」の振る舞いを身につけて、気になる彼の本命彼女になりましょう。

■うっかり差がつく、「食事」の振る舞い

一番目立つのが姿勢。背筋はまっすぐ、脇を締めた動作を心がけましょう。顔から背筋をまるめて、食べ物を食べに行く女性をよく見かけますが、これは同性から見てもとても残念。美しくない以前に、みすぼらしく見えます。

お箸、フォーク・スプーンは脇を締めて、口に近づける。自分はまっすぐの姿勢のまま、食べ物を近づけます。それだけで、凛《りん》とした気品が漂います。

マナーといっても、こんな簡単なことなんですよ。しかし、躾をきちんとする家

庭でしか教わらないこと。

食事は本能に関わる行為。理性を働かせないと、育ちのよさとは程遠い、獣のような野性的な食べ方になってしまうのです。

次に姿勢で大切なのは、肘をつかないこと。観察してみると案外、食べているときに肘をついている女性は多いですね。これも、自分で体を直立に支えられないというだらしなさとして、彼には伝わります。

それから、席につくときに、居酒屋やチェーン店以外のお店でしたら、椅子を自分から引いて座らないこと。店員さんが引いてくれるのを待ちましょう。

私の場合、いつでもどこでも待ち過ぎて、失敗することがありますが、そのくらいの方が男性受けはいいですね。「あっ、この子はそれ相応のお店に連れて行かなくてはいけないんだ」と彼の身が引き締まります。

そして、案外やってしまいがちな、箸やフォークなどで食べ物をいじってしまったり、かき混ぜたりする行為。手持ちぶさたからやっているのもNGですし、見た目も「食べ物を大切にしない」という点でマイナスです。

一口いただいたら、いったん箸・フォーク・ナイフ・スプーンは置きましょう。

もしくは、そのくらいの心構えで。マナーの世界では、一回一動作が一番美しいとされています。

全体的な動作として、ゆっくりを心がけましょう。

速い動作は、優雅とは無縁ですし、どちらかというとせかせかして、余裕がなく、貧相に見えます。

あなたも、お嬢様といったら、せかせかと動いているイメージはないですよね。どちらかというと、ゆったりと一つひとつの動作を丁寧にしている様子を思い浮かべるでしょう。

これは必須です、箸は正式な持ち方をするように。

今は子供用の訓練箸がありますから、おうちで密《ひそ》かに練習すること。彼の前は、本番です。日頃の練習の成果を見せる場と心得て、彼がいない場所で練習しましょう。

また、食べ物を残すときは、「美味しいのだけれど、おなかが一杯になってしまって、ごめんなさい」と一言声をかけてから、端へ寄せて残しましょう。食べ散らかしたままは、言わずもがな、美しくないですね。

さらに、これは高得点。魚の食べ方がキレイだと、他が多少できなくても無条件で尊敬されます。箸でもナイフ・フォークでも美しく食べられるように練習しておきましょう。魚の食べ方は躾られていないとできません。差が如実に出るのです。

とはいっても、マナーは、完璧にやり過ぎても男性は引きます。完璧なお嬢様は相手にできないと思われてしまう。ですから、マナー本を読むといろいろと細かいことは書いてありますが、今お話ししたことだけを完璧にしてください。

意外と簡単でしょう？　ちょっとしたことだけれど、ごまかせないのが食事なのです。食事をあなどるなかれ。

「育ちのよさ」に焦点を絞って、彼に安心感を与えましょう。

ギャップのアピールにはご用心

■安心感9割、意外性1割

男性に本命彼女として見てもらうには、「安心感」を感じさせることが絶対ですが、それだけでは不満なのが男というもの。安心だけではつまらないのです。悪魔は嫌いだけれど、小悪魔は大好きというのも男性心理をうまく言い当てています。

簡単に把握できてはつまらない。かといって、把握できなさすぎても、不安。ちょうどいい塩梅《あんばい》は、安心感9割、意外性1割の女なのです。

いつもはバリバリ仕事をこなすのに、感動ものの映画を観《み》るとほろりと涙を流す。清楚で可憐《かれん》なのに、ストッキングがベージュの網タイツ。童顔なのに、胸が大きい。か弱そうなのに仕事をやり通す強さがある、などなど。**男性が好きなのは、育ちがいい、品があるのに、1割だけ調和が乱れているといった感じです。**

ただ、この1割の意外性を演出しようとして、多くの女性が犯してしまうミスがあります。題して「男がいつのまにか離れてしまう女の4つの勘違い」。

①小悪魔やセクシーさを演出しようとして、単なる下品な女になってしまう
②物事をよくわかっている大人の女性を演出しようとして、単なる「すれっからし」になってしまう
③交友関係が広いつもりで男友達が多いことを見せて、ひかれてしまう
④弱さを見せようとして、単に面倒くさい女になってしまう

①は、繰り返しになりますが、男性は下品を最も嫌います。

聖書ではマリア様は処女懐胎ということになっているくらい。女性には性的な清潔さを求めます。その歴史は2000年。これはDNAレベルですから、ゆめゆめ犯してはなりません。

言葉遣いが悪かったり、服装がセクシーを通り越して露出しすぎだったり、メイクがケバかったりは下品ポイント。

服装ならば、胸元は見えそうで見えないぐらいがちょうどいいのです。男性は露

出しているよりも、体のラインが見える服の方を好みます。男性に「中はどうなっているんだろう？　意外と豊かなのかなぁ」と少し想像させる余裕があるくらいが1割の意外性。スカート丈もひざ上10センチが一番だそうです。

メイクも、STEP2からの繰り返しになりますが、しっかりはしてほしいけれど、濃すぎるのはダメなのです。

男性の職業別では、経営者・起業家はしっかりメイクを好みますが、あとはいわゆる素顔が好きというタイプ。出世する精力的なタイプほど、メイクはきちんとしていることを好みます。お金持ちとつきあいたいと思っている場合には、メイクはある程度しっかりしておきましょう。

次に会話ですが、合コン・飲み会でシモネタ全NGは堅物すぎて嫌われますが、ノリノリで話しても下品な女としてひかれます。

シモネタなどは、答えず、質問で返しましょう。「え〜、男の人はどうなの？」が一番いいですね。こうしていると、ちょうど1割の意外性になります。

②によく見かける「すれっからし」な女。「女も25過ぎればば〜」「男ってさぁ、た

いていこうだよね」「最近の～は……」これらのフレーズは本当に嫌われます。

先日もあるカップリングパーティーで一番人気だった女性が、2次会で話し出したら、こんな調子の「すれっからし」でした。結局、彼女をいいと言っていた男性が全員NGを出しました。

「かわいげがない」とも映りますので、決して男の前ではわかったように、人生や男や女について「語らない」ように。語りながらタバコなどくわえた日には、それは物事をよくわかっている大人の女ではなく、単なるオヤジです。

「語る」とともに、注意したいのは、誰かを批評すること。「あの人ってさ、結局○○で××で」「すっごく○○なところが嫌い」「○○な人間って信用できないよね。嫌だよね」といった話です。

人のことをけなしたり、何かの批判や悪口はとても印象を悪くします。しかしついつい、心を許すと言ってしまうもの。**この類の会話はガールズトークと心得て、男性の前では口にしないように。**

反対に「○○さんの～なところいいよね」「○○な人って誠実さを感じるよね」とプラスの面を口にするのは好印象です。

そして、この③が男には一番耐えられないポイント。男友達が多かったり、過去の男性経験が多いことです。

男は常につきあっている女性の一番でありたいと思っています。無意識に競争してしまうかわいそうな生き物なのですね。ですから、たとえ男友達でも、いると気になるのです。そいつよりも自分は素晴らしいのだろうか？　過去の彼氏も同じ。自分よりたくさん恋愛を経験していると、比較されているんじゃないかと気が気でないのです。

男性の中には、「男女に友情などありえない」と断言する人が、私たち女性が思っているよりも多いのですよ。それくらい、気にするのです。

男の嫉妬は、女の嫉妬より深くて怖いとはよく言ったもの。メラメラと燃えさかり、そんな自分が嫌であきらめるといったことは実際多いのです。高嶺《たかね》の花を演出すると、実は逆効果。秘すれば花と心得て、意図的に見せびらかさないようにね。

そして、④は意外性で弱さを見せようとして失敗する女。

弱さを生物学的に力が弱いとか体力がないといったところで見せるのは、1割の意外性として最高です。たとえば、箸が割れない、缶ジュースのふたが開けられない、重い荷物が持てない、暑さに弱いといった類は、箸を割ってあげれば済むし、缶ジュースのふたを開ければ済むので、かわいらしさになります。

しかし、いつも困ったと相談したり、精神的に落ち込んでいたりすると、こちらは面倒な女となります。

男は女を喜ばせたい生き物。いつも精神的に落ち込んでいると、だんだん彼はあなたを幸せにできない、喜ばせることができないと感じます。そして、彼は辛くなり、面倒くさくなってしまうのです。

ですから、弱さはその場で済むものを見せるようにしましょう。相談はしてもいいですが、度重なると嫌われます。

■意識しないところにきゅんとくる

では、どんなところで意外性を見せればいいの？　と思うでしょうね。

実は、1割の意外性についてはあまり意識しなくていいのです。意図的なものは見抜かれます。それよりも、P123の4つのNG点に注意して、他は自然に振る舞っていれば、それが自然な意外性として彼に映ります。

結局は、育ちのよさに注意を払っていればいいのです。そうそう、完璧に育ちがいいようには振る舞えません。失敗が自然な意外性になります。

「完璧かと思っていたら、失敗するかわいいところもあるんだな」と、意外性がかわいげになります。

難しく考えなくていいですよ。無理に意外性を演出しないと覚えてくださいね。

「俺たち気が合うね」のつくり方

■彼と意気投合するには

彼に安心を感じられる女性だと思ってもらうために、いろいろとお話ししてきました。次は小手先の演出ではなく、ズドンと彼の脳に効く技術です。

私たちは、自分に似た人が好きです。

なぜなら、私たちは「自分が何者なのか」「自分はこの世に存在していいのか」「あるいは本当にこの世に存在しているのか」を、誰かと関わることで確かめています。ですから、なるべく自分と似ている方が、都合がよくなります。自分と似ている相手ならば、相手も自分を否定したくないので、受け入れられることが多くなります。

はじめて会った気がしないくらい気が合うというのは、無条件にお互いの存在や価値を認め合う交流ができたことを意味します。

ここでは、私たちそれぞれが持つ「頭の中の型」を彼に似せて、似たもの同士を演出してみましょう。より強く安心感・信頼感、そしてあなたがより深く自分のことを理解してくれている、無条件に認められていると彼に感じてもらうのです。「頭の中の型」は、どうしてそう考えるのかの思考の本質的な型なので、より効果的に彼の世界に入り、彼が共感しやすい言葉を話すことができます。そのため、深く彼に安心というリラックスを与えることができます。

頭の中のタイプは実はとてもたくさんあります。今回は、考え方が違うといって、つきあってから別れる原因にもなる4つの「頭の中の型」をご紹介します。

その4つとは、「説明パターン」「判断基準」「行動へのスイッチ」「相違のとらえ方」です。この4つを似せて、「気が合う女性」だと彼に感じてもらいましょう。

■「どうしてそれを選んだの?」——①説明パターン

まずは、「どうしてそれを選んだのか」を答えるときの説明パターン。これは、2つのタイプに分かれます。

1つめは、理由をすぐに答えるタイプ。たとえば、「どうして営業の仕事を選んだの？」と質問すると、「人と接するのが好きだからだよ。給料も、自分の働きが直に反映するところが魅力」と理由を、価値観や機会・可能性などの話として答えます。

2つめは、その経緯を答えるタイプ。先ほどの質問には、こう答えます。

「最初の会社では経理の仕事をしていたのだけど、ちょっと退屈でね。自分の力を試したいなぁと思っていたら、たまたま親戚が今の会社を経営していて……」

このように、どのようにして営業の仕事についたかを長々と話します。

これが恋愛にどう影響するかというと、タイプが違うと話が合わなくなるのです。彼が理由を説明するタイプであなたが経緯を説明するタイプだと、彼はあなたの話をまどろっこしいとイライラします。彼が知りたいのは、あなたがそれを選んだ理由の奥の価値観、どう思っているか、です。経緯には興味がありません。

逆にあなたは、彼が結論だけで経緯を話してくれないので、秘密主義に感じます。はじめは気にならないのですが、あとで大きなズレとなるので、最初に「どうしてそれ（仕事・服など）を選んだの？」と質問をしてタイプを見極めておきましょう。

そして、彼のタイプに合わせて、会話を進めてください。すると、彼は、「なんて気が合うのだ」と、あなたに深いレベルで惚れます。

私はわりと経緯を長々と話すタイプなので、相手が結論だけ言うタイプのときにはちょっと困ります。それでも頭の中で経緯を一通り追って、口にするのは最後の結論だけ、というように訓練をしていたら、いつのまにかできるようになりました。

■彼は自分が大事？　周りが大事？――②判断基準

次は後々ケンカの元になる、何かを判断するときの判断基準。これは要チェックです。

たとえば、こんな質問をします。

「どうして、その仕事がうまくいったってわかるの？」

1つめのタイプは、感覚的に自分を頼りに決めます。

「えっ？　だってわかるじゃん」

2つめのタイプは、誰かの評価や周囲の基準などで決めます。

「それは部長が評価してくれたからｏｒ契約がとれたから」

お互いが1つめのタイプですと、互いに他人の意見を聞かないので、判断がズレたときには、バトルになります。一歩も譲らずの状況が続きますね。はじめから譲ることなどあり得ないと心得ておくといいですね。

次に、彼が自分をよりどころにする1つめのタイプで、あなたが周囲をよりどころにする2つめのタイプだと、彼の方が強くなります。あなたはいつも彼の言いなりになり、彼からは流されやすいと判断されるかも。

そこで、彼から意見を求められたときに、たまに「だってわかるんだもん」「なんとなくこっちがいいと思う」など、嘘でもいいから彼のタイプに合わせた答え方をしておきましょう。

次に、あなたが1つめのタイプで、彼が2つめのタイプだとすると、彼のことが流されやすく見えるかも。あなたのペースでつきあうと、彼はあなたによいところが見せられなくなります。

ですから、たとえ自分の感覚で判断したときも、「○○が推薦していたから」などと意識的に発言して彼に合わせてあげましょう。また、彼が決めあぐねていても、彼が決断するまで待つ。そんな余裕を持ちましょう。

最後に2人とも2つめのタイプの場合は、判断基準がまったく同じなので、誰の意見を基準にしているかさえズレなければ、自然にうまくいきます。意見が合わないときには、判断のよりどころである周囲、たとえば「○○教授」「○○部長」に注目して、彼にとりあえず合わせてあげましょう。


なんとなく、彼の世界に寄り添うことが見えてきたところでしょうか。

似た者同士をアピールする、と一口に言っても、ただしぐさが似ているのとはわけが違います。「頭の中の型」を似せることは、強力な類似性アピールですので、ぜひマスターしてください。

自由自在に彼の心に入り込む方法がある！

■目標を立てるか、リスクを回避するか——③行動へのスイッチ

一口に、「気が合う」といっても、これを意図的に行おうとすると頭を使いますね。でも、ちょっと訓練すれば、自由自在に彼の世界に寄り添うことができるので、とても恋愛が楽しくなります。では、残り2つをマスターしましょう。

今度は、どんなときに行動しようと動き出すのかという「頭の中の型」（行動へのスイッチ）です。この型がズレると、安心感とは程遠く、お互いにイライラするので、要注意。

1つめは、目標を達成しようとして行動を起こすタイプ（目標達成型）です。

たとえば、「彼女でもつくって、プライベートを充実させたいな」と思って彼女をつくったりします。

2つめは、危機や問題を避けようとして行動を起こすタイプ（危機回避型）です。「この年で、彼女がいないのはおかしいと思われる。彼女をつくらなくては」と考えて彼女をつくります。

会話の中で、「達成する・獲得する・取得する・得る」という言葉が多く出てきたら、1つめのタイプ。逆に「避ける・除く・逃れる・免れる・延ばす」という言葉が多く出てきたら2つめのタイプです。

もし彼が目標達成型ならば、ポジティブな表現を好みます。会話で「〜になったら困るから、そろそろ転職しようと思うんだ」「先輩のようになりたくないから、30までに結婚したいんだ」とあなたが言うと、彼にはその気持ちが理解できません。それればかりか、後ろ向きで面倒なヤツだと思い、一緒にはやっていけないと判断されてしまいます。

なるべく「キャリアアップしたいから、転職しようと思うんだ」「子供を早く産みたいから、30までに結婚したいんだ」と目標を掲げる形で会話をしましょう。もし、危機回避型の発言をしても「これ以上いても出世しないから、転職しよう……

と思っていたけど、最近は管理職になりたいから転職しようと思いはじめているんだ」と言い直せばOKです。

次に、彼が危機回避型の場合には、「このご時世、会社がいつ潰れるともわからないから、準備しとかなきゃね」「先行き不透明だから、貯金しようね」「会社の組織自体に問題があると思うんだ。問題を回避するにはどうしたらいいかな？」と、常に問題点や危機をセットにした会話をします。すると彼は興味がわくので、会話も続く上に、行動しはじめます。

単なるマイナス思考ととらえず、彼の世界に寄り添ってみると、実は深く問題を追求し、解決する能力があり、分析・評論に優れていることがわかります。熟慮するタイプなので、この能力をほめれば、彼は尊敬をされていると感じるので、さらに高得点です。

■4つのタイプ別　つきあい方のポイント――④相違のとらえ方

最後の「頭の中の型」は、違いに注目するタイプか、同じところに注目するタイプかです。実は、このことは意外性の演出割合を決めるのに重要。4つのタイプがいるので、4つのタイプ別に、意外性を見せるか見せないかの塩梅を調整します。

1つめは、変化を好まないタイプ。会話の端々に、「同じ・共通して・いつも通り・以前と同じ・変わらない・変化のない・知っている通り」という単語がたくさん登場したら、間違いありません。

どちらかというと、変化は嫌いなタイプなので、安心感10割のつもりで接するとうまくいきます。ちょっとでも違ったところが見えると、違和感を覚えてしまうので、ファッションや髪型なども一定で、発言もぶれないように心がけましょう。

2つめは、徐々にゆっくり改善していく変化を好むタイプ。会話の端々に「〜より・もっと・さらに・〜以外は同じ・進化・徐々に進歩して・改善して」という単語がたくさん登場します。

関係をゆっくり深めると彼は安心します。彼とつきあうことによって、あなたがゆるやかにキレイになったり、素敵になったりすると最高です。意外性は前よりもよくなったことをチラリと見せると効果的です。

たとえば、出会った頃は黒っぽい服装ばかりで、彼から「明るい色の服を着たら?」と指摘されたとします。すぐに次のデートから全身を変えるのではなく、まずは小物に色を持ってくる。しばらくしてボトムをキレイな色にする、次にトップス、次に全体というように、徐々に変わっていく様を見せると、彼は「俺のことをわかっている!」と思ってくれます。

3つめは、頻繁に大きな変化を好みます。会話の端々に「新しい・変化に富んだ・異なった・まったく違った・ユニークな・今」という言葉が多く使われます。彼自体の行動もすごくアクティブなので、わかりやすいと思います。

このタイプの彼には、2つめのタイプのように「明るい色の服を着たら?」などとアドバイスされた場合には、即実行。すぐに変化することを好むので、ここで「私は、黒が好きで〜」などと自己主張していると、頭の固いヤツと嫌われます。

また意外性というよりも、自分の多面的なところを積極的に見せていきましょう。涙もろいかと思えば、仕事がバリバリできて、そうかと思えば、登山が趣味で、そうかと思えば……というように、自由に自己表現してください。彼もそんなあなたの変化に富んだ姿に、俺と似ているなぁと満足します。

ちなみに私は、いつも同じであることが苦手なので、このタイプととても相性が合います。私は変化を好まないタイプに合わせることができないので、あえて彼のタイプに合わせるのではなく、彼氏を選択する際の基準にしています。

あなたも合わせることが大変なタイプの場合には、はじめから合わないとあきらめて、合わせるのではなく、逆に彼氏を選択する際の基準に使ってもいいですね。

最後は、2つめのタイプと3つめのタイプの中間です。適度に変化・改善していくことを好みます。同じであることは好きでないタイプですので、何かしら彼と知り合ったことで向上している自分を見せると効果的です。

はじめは何も趣味がなかったけれど料理教室に通うようになった、資格試験の勉強をはじめた、ヨガをはじめた、など何でもいいのです。向上している変化を見せましょう。

ここまで読んで、気づいたかもしれませんね。意外性というのは、あくまでプラス面を見せていくもの。P123の勘違い例は、すべてマイナスな意外性ですよね。

人は基本的に、同じか、改善・向上という変化を好みます。

恋愛では、彼はあなたに「あなたを援助し、育てる力がある自分」を感じていたかったのです。その意味でも、かならずプラスの意外な一面、改善・向上というプラスの変化を見せましょう。

彼は、そんな自分に安心し、リラックスしてつきあえる女性としてあなたを選びます。彼の「頭の中の型」まで考えて、彼に寄り添える女性などいませんから、あなたはこれで無敵ですね。

STEP 5

彼がドキッとする
さりげないしぐさ

ふいのボディタッチよりも大切なこと

■逆効果になりやすい恋愛テクニック

モテ・テクニックでは、必ず取り上げられる「しぐさ」「雰囲気」を使うテクニック。しかし男性に言わせれば、女性が必死になるほど効果はないのです。

恋愛がうまくいかない女性の最大の敗因は、必要のないテクニックに走り、本当に重要なことをおろそかにすることに尽きます。

たとえば、それがセクシーアピールになると知ると、やたら髪をかき上げる。けれど、肝心な食事の場面では、くちゃくちゃと音を立てて食べたり、箸が使えない。言葉遣いが汚い、もしくは男言葉。

さすがに、ここまで単純化すると、「こんなことしていないわ」と思うでしょうが、これに近いことはけっこう皆さんやっています。

小悪魔テクニックにしろ、天然キャラにしろ、妹キャラにせよ、彼があなたのことを「好きかも」「いいなぁ」と思って、はじめて効果があるもの。

彼に気になる存在として認めてもらう段階の私たちには、実はまったく必要のないテクニックです。

合コンで、会社で、学校で、バイト先で、サークルで、ただその場に一緒にいる女性から、気になる子に昇格するには、テクニックでプラスの印象を与えることよりも、いかに減点されないかに的を絞るだけでいいのです。

私たち女性もそうですが、男性も同じように、好きになってしまえば「あばたもエクボ」。多少のことは気にならなくなります。

しかし、「いいな」と思う前は、冷静に見極めていますので、マイナスの方が響くのです。

■こんな減点ポイントに気をつけて

なぜマイナスが響くのでしょうか？　皆さん意外と知らないのですが、大切なことなので、あなたには特別にお教えしますね。

実は、私たち人間は、プラスの情報よりもマイナスの情報をしっかり記憶するという性質を持っているんですよ。そのため、無意識のうちにマイナスポイントのスタンプが押され、もれなく満点になると興味ナシという対象になってしまうのです。

さらに、脅かすわけではありませんが、最近の研究では、マイナスポイント1つにつき、5ポイントのプラス言動を積み上げないと、マイナスポイントは消えないのだそうです。

ビジネスにおいても、信頼を積み上げるには時間を要するけれど、信頼を崩すのは一瞬と言われますね。恋愛も同じです。

それから、そもそもこの本を読んでいるあなたは、私と同じで、「小悪魔テクとかできない、無理」と思っているはず。そういった恣意的なことが苦手だから、この本を手に取ったと思うのです。

使う必要のあるタイミングでは、私も巷《ちまた》でいう「小悪魔テク」を利用しますが、すべて計算ずく。何も小悪魔に変わらなくても、正統派でも不器用でも減点されないようにしていれば、男性の心はつかめます。

STEP3で、すでにお話ししましたね。小悪魔テクも「自由」と「尊敬」を抜きにすれば、何の効果もありません。

男性はそもそも、女性の髪型やファッションなど細かいことに気づかないもの。細かいテクニックなど、どうでもいいのです。

では男性はどこで減点しているのか。10の減点ポイントです。

①動作が速い・せわしない

②動作が大きい・豪快（男らしく見えます）

③笑い方に品がない（がははと笑う・手で口を隠すのは自信のない女と見られます）

④自分の見かけばかりを気にする（髪をいじる・鏡を見る・自分の映った姿を確認する）

⑤食事のマナーが悪い（食べながら話す・音を立てる）

⑥きょろきょろとよそ見をする（興味がない・自信がない・落ち着きがない、ととられます）

⑦姿勢が悪い

⑧第三者に対する言動が横柄（たとえば飲食店の店員など）

⑨眉間のしわ・口角の下がったへの字口（真剣に話を聞くと怖い顔になります）

⑩ 全体的にツヤのない肌・髪（細かくは見ていませんが、全体的には気にしています）

減点されないように細心の注意を払うだけで、男性から簡単に好かれてしまうので、この減点ポイントは覚えておきましょう。

また、一応少し触れておくと、確かにボディタッチにも効果はあります。今夜はＯＫとか、関係性を少し深めたいなぁというときにお使いください。

触れる場所は、日本人には肩や二の腕が自然です。ここからはハードルが高いかもしれませんが、参考までに。もしも、セクシームードにもっていきたい、ドキマギさせたいと思うのなら、最強は、彼の内ももです。

もっとさりげなく小悪魔的にするのでしたら、テーブルの下で足をくっつけます。これはかなり効果的です。

ただし、「今夜はＯＫ」と誤解されてもいいという場合にのみ、使ってくださいね。

上手な「わがまま」のやり方

■「好かれたい」を意識しすぎないで

わがままを言って男を振り回すというと、まさに「小悪魔イメージ」ですね。しかし、小悪魔な女性がしていることは、わがままを言っているのではなくて、実はきちんと自己主張しているだけなのです。

最近気づいたのですが、どうやら恋愛が苦手な女性の間では、自分の意見を言うことを「わがまま」と呼ぶようなのです。

わがままを意識するのではなく、きちんと自分の考え、気持ち、YES・NOを伝えていきましょう。

それができたら苦労しない、という声が聞こえてきそうですね。あなたも私と同じように「嫌われたくない」「よく思われたい」「失敗したくない」という気持ちが人一倍強いのでしょう。きっと「主張」という言葉にも、アレルギー反応が出ているのではないですか？

「自己主張」といっても、何が何でも自分の意見・考えを通すという態度ではありません。それは、単に「我を通している」だけで、そんな女性は男女を問わず誰からも好かれません。

では、ここでいう「自己主張」って、どんな言動なのでしょうか。

はじめてのデート、相手に好かれよう、好印象を残そうとあなたは必死なはずです。私も昔はそんなタイプで、1日がかりのデートでもはじめのうちは恥ずかしくて、トイレにも行けなかったくらい。

さて、生まれもって小悪魔な女性は、相手に好かれようなどとはみじんも思っていません。「彼ってどんな人なのかなぁ」と、いろいろ彼について情報を得ようと思ってデートにでかけます。

まず、意識が彼に向いているか、自分に向いているか、出だしから180度方向が違うのですね。

たとえば、食事の場面。注文を決める際、あなたはたぶんどの価格帯を頼めばいいのだろうか？　と、まず迷うのではないでしょうか。

あまり高いものはダメだし、かといって安いものを注文したらお金がないと言っているようだし。

小悪魔な女性は、そこで何の躊躇《ちゅうちょ》もなく「自分の食べたいもの」を注文します。たとえ相手が無理をして高いレストランへ連れて行ってくれていたとしても、どれを注文されようが支払える範囲内。ＳＴＥＰ１でお話ししましたね。相手の懐具合を気にしていては、彼がこのレストランでごちそうしたいという好意を受け取ることができません。

もし、彼が高すぎると判断した場合には、「ここはお肉より、魚の方が美味しいって評判なんだよ」などと何気なく、違うものに誘導してくれます。

彼からすれば、「自分の食べたいもの」をあなたが注文することは何もわがままではありません。水希がこれまでお食事した男性は、超大金持ちから一般人まで、１００％「君が美味しいといって食べる姿を見ているのが、嬉しいんだ」と、言ってくれました。

男性は、女性を援助し育てたいと思っているので、美味しそうにたくさん食べる姿を見ることが、本能的に好きなのです。

■わがままだと思われないわがまま

「自己主張」ができる女というのは、お互いの意見が衝突することもあるし、相手の意見に賛成できるとは限らないと考えています。むしろ、お互いの意見を出し合って、それが相手と一致したらラッキーといった程度。

ですから、とりあえず「自分の意見・主張」を言うことができるのです。

これが小悪魔な女のわがままの実態です。何のことはないでしょ？

ただ、自己主張するときにはルールがあります。このルールに則《のっと》れば、相手を不快にさせることはありません。安心して自分の意見や頼みたいことを、とりあえず伝えてみましょう。

ルール① その場で言う
ルール② 肯定的な表現で言う
ルール③ クッションフレーズをつける
ルール④ 主語は必ず「私は」

ルール⑤　明確に伝える

次の例題でルールを満たしながら、自己主張をするシミュレーションをしてみましょう。

はじめてのデート。彼はとても忙しい人。何度となく携帯で電話をしたり、メールをしたりして、デートが中断します。忙しいにしても、程があると感じはじめました。さて、どうしたら誤解を受けずに、あなたの気持ちをうまく伝えられるでしょうか？　自分ならどうするか、少し考えてから次を読んでくださいね。

電話中になんとなくふくれっ面をしてみる、退屈している素振りを見せる、と考えたあなた。一見、しぐさで主張。かわいい不満の伝え方っぽいですね。残念ながら男性には100％通じないでしょう。

まず、男性は女性より表情を読み取ることが下手なので、小さな変化だと見逃してしまいます。次に、その場といってもタイミング的にちょっと早すぎます。さらに、明確に伝えていません。間接表現です。

電話が終わったときや、メールを打っている途中に、「なんだか忙しいんだね。

そんな忙しいときに無理させたかな」と言って、控えめに主張すると考えたあなた。これも残念。軽い攻撃になってしまうのです。彼は嫌みと受け取ります。

ルールに則ると、電話が終わり、彼があなたと会話をはじめたときに、こう伝えます。

「あなたといると、とっても楽しいの。あなたのお仕事ぶりも垣間見《かいまみ》られて今日はラッキーだわ。ただ、私は欲張りだから、もうちょっとだけ、私との時間に集中してもらえるともっと楽しくなるかなと思ってしまったの。食事の間だけ電話（メール）を控えてもらうことってできないかしら？　そうしたら、あなたも仕事をちょっとの間忘れられていいかもしれないじゃない？　無理だったらいいの。お仕事の邪魔はしたくないから」

主語が「私」でお願いしていますね。

そして、「クッションフレーズ」は「私は欲張りだから～」と言ってから、本題の依頼「食事の間だけ～」に入っています。できれば、そのあとに、２人にとってプラスになる側面か彼にとってプラスになることを付け足します。それが「あなたも仕事をちょっとの間忘れられて～」です。

最後はもう一度、クッションで「無理だったら〜」と入れて「何が何でもの主張」ではないことを明確にしておきます。

最初は慣れないから大変かもしれませんが、言うだけ言ってみると案外通用します。適度な自己主張ができる女性は、男性にとっては本命の条件「教養」「自立心」「品性」「コミュニケーション能力」を満たしていると映ります。

好かれようと物わかりがいいフリをしていると、彼は「文句を言わない女性」として、あなたのことを認識します。後々、ちょっとでもあなたが文句を言ったり主張をすれば、「何か違う」と彼は感じ、別れにつながりやすくなります。

我慢したり、彼に遠慮ばかりしていると、あなたの中にもだんだん「私がこれだけ譲っているのに」と不満がたまり、ある日大爆発……となるのは目に見えています。好かれようと必死にならなければ愛してもらえない彼なら、そもそも縁がない相手。優等生でいる必要はありません。

品性を保ちつつ、意見を求められたり、改善してほしいこと、お願いしたいことがあるときには、出会ったはじめの頃から自己主張をきちんとしていきましょう。

妹キャラっておいしいの？

■甘えるのではなく、甘えさせる

「妹キャラを演じればモテる」は大間違い。男性はそれほど、甘くありません。

人と人との関係には、段階があります。今の私たちは、知り合いレベルから恋人レベルの段階への過渡期。この段階で有効なスキルを身につけ、実践していきましょう。

そもそも、「男に甘えられる女」だからモテるのではありません。

彼があなたのことを「いいなぁ」と思う、つまり受け入れ態勢に入っている前提があってはじめて、「甘えられる」と彼は嬉しかったり、もっと好きになったりするのです。

悲しいかな、男性は女性に対してその気がなければ、「甘えるな。自分でやれ」と思うのです。

くどいようですが、私たちが根本的に求めてやまない愛とは、「無条件に相手の存在や価値を認め合う交流」です。はじめに彼の心をぐっと引き寄せるには、彼を大きく包み込み、認めるという態度以外にすることはないのです。

彼がこちらに目を向けてから、ちょっとしたスパイスに「甘える」ことを使ってもいいですし、「さりげないボディタッチ」をすれば効果的です。

嫌われたらとか、好かれなくちゃとか思っているうちは、まだまだベクトルが自分に向いています。

そんなことをすべて忘れて、ベクトルを彼に向けたら、自然と彼はあなたに興味を持つでしょう。

なぜなら、この世の中で、全力で自分のことを認めてくれる人など、そうそういないから。ほとんどの女性も男性も、自分を愛してもらいたくて、相手を探しています。

逆説的ですが、「愛されたかったら、まず愛する」。これに徹しましょう。

では、何をすればいいのでしょうか？

あなたがすることは、「彼が甘えられる女になる」ことです。

妹キャラではなく、優しいお母さんキャラ・優しいお姉さんキャラになること。お母さんキャラといっても、肝っ玉母さんキャラではありませんよ。女が感じられるお母さんですからね。

というわけで、あなたが彼との関わりの中で徹底するのは、「優しい心遣い」です。あらかじめ断っておきますが、表現するのは「優しさ」であって、尽くすことではありません。

■彼が心を許す瞬間とは

では、どんなときに男性は「優しさ」を感じるのでしょうか？

話し方については、ＳＴＥＰ６でお話しするとして、今回はしぐさや表情でどう表現していくかをお話ししますね。次のポイントを意識して彼と過ごしていれば、彼はあなたのことを優しい女性だな、と自然に思ってくれますよ。

彼が何かあなたのことをほめてくれたり、嬉しいことをしてくれたら、あなたはどうしていますか？　もしかして、照れて下を向いたり、照れ隠しで表情を出さないようにしていませんか？

それではせっかくのチャンスをみすみす無駄にしているというもの。これからは、まっすぐ彼の目のあたりを見て、できるだけ嬉しそうにほほえみましょう。

彼があなたをほめたり喜ばせたいという気持ちをしっかり受け取って、それを嬉しく思っていることを素直に見せる。これが「優しい心遣い」のできる女性です。

彼と話しているとき、目線はどうでしょうか？　きょろきょろと落ち着きがなかったり、彼の顔以外を見てはいないですか？

手元や食べ物を見ながら話したり、食べながら話してはいませんか？

じっと見つめすぎるのはNGですが、きちんと彼を見ましょう。

視線は、彼の顔周りを、菱形《ひしがた》を描くようにゆっくり動かしているといいですよ。

じっと目を見つめるのは、相手もプレッシャーを感じます。

話の重要なタイミングには、彼の眉間のあたりを見つめましょう。実際に瞳を見つめるよりも、視線が優しく合ったようになります。

まなざしを彼に向けていると、優しくしっかり受け止めてくれる女性として、彼は感じ取ってくれます。

さらに、話しているときの自分のつなぎの言葉に注目してください。

「～で、えっとそれで、～でね。えっと……。それから、えっと」
「～な感じで。～な感じ。○○なことがあったんだけど、まぁいっかって感じで」

こんなつなぎ言葉が癖になっている人を多く見かけます。耳障りという点でも問題ですが、「優しいお姉さんや優しいお母さん」というよりは、「バカ女キャラ」。

「先週、上司がえーっと、いつものように、えっと、締め切りぎりぎりになって、えっと、企画書の依頼をしてきたのよ」

「えっと」を抜いた間ができると、優しい口調に聞こえます。文章では表現しにくいのですが、両方のパターンを口に出して、どのように聞こえるかを比較してください。

「先週、上司が（間）、いつものように（間）、締め切りぎりぎりになって（間）、企画書の依頼をしてきたのよ」

テレビで「優しいキレイ系」キャラで売っている女優さんの物腰を観察してみるとわかりますよ。すべての動作がゆっくりで間があります。仲間由紀恵さんや綾瀬はるかさんなどは好例だと思います。

しぐさについては、とにかく「ゆっくり」がポイントです。ゆっくりした動作の優美さが、優しさに通じます。

男性の優しく包まれたい願望を刺激しましょう。妹キャラとは比べ物にならないくらい最強です。

「気配り」は3ステップで

■駆け引きの前に必要な3つの情報

彼をつくるためにすることはたった1つ。相手に注意・関心を向けることです。そのために「あなたを受け入れていますよ」とメッセージを送りました。と同時に大切なのは、そのメッセージが本当だと彼が確信できるようにすること。

なぜなら私たちは、相手から好意を寄せられると、それが本当なのかをまず確かめるのです。

そして、次に相手が自分をどのように判断しているのか、どんな人間だと思っているのかを探ろうとします。その次の段階として、相手は自分と相性が合うのかという情報を集めます。

① 証拠（好意が本当なのか）

② 評価（自分はどう思われているのか）

③ 相性（相性が合う人物なのか）

この3つの情報が集まってやっと、相手がどんな人物で、どんな日常生活を送っているのかに関心が向きます。つまり、3つの情報が集まるまで、彼にとって必要な部分しか、あなたに関しては注目がいかないのです。

小悪魔テクニックなど、彼が3つの情報を十分集めたと思うまでまったく通用しないのです。通用するのは、彼があなたに対して大いなる関心と好意を持って、あなたを獲得したいと先にメッセージを送ってきたときだけ。

そんなときは、あなたは彼の好意にしばらくあぐらをかいてモテを楽しんでいれば、自然に小悪魔になれます。

ただ、彼氏ができない、男の人が苦手というあなたは、どちらかというと、あなたが先に心を開いて、受け入れていくという好意や態度を見せることに徹するとうまくいきます。

STEP1でお話ししましたね。あなたは、高い城壁に囲まれた要塞の中にたくさんの兵隊に守られて、自らも堅牢《けんろう》な甲冑《かっちゅう》を着ている状態のように男性から見られています。自分から近寄っていかないと、残念ながらはじまらないのです。

話を戻して、これまで私たちは、「あなたの存在や価値を無条件で受け入れていますよ、認めていますよ」という好意のメッセージはたくさん送っていますから、ここでは彼が確信できるように、証拠集めの際にわかりやすい「気配り」を覚えましょう。

雨が降ったとき、心に響くのはどんな気配り？

あなたも飲食店やホテルなどでサービスを受ける際、かゆいところに手の届く気配りや、自分が想像していた以上のサービスを受けると、とても感動しませんか？「なんて自分のことをわかってくれるんだ」「自分に関心がなくては、これはできないだろう」と素直に思うはず。

ザ・リッツ・カールトンは、伝説のサービスといって、サービス業では当たり前のことに大きな意味を持たせ、他のホテルと差別化をはかってブランド構築しています。リッツ・カールトンに宿泊する際に、あなたが期待することは何ですか？

期待の裏にある欲求は何ですか？

きっと、本当に自分に関心を払ってくれるのか、確かめたいという欲求もあるはず。サービス（気配り）は相手の欲求に、その場で対応してくれるので、好意と確認を同時に満たすことができる、とても素晴らしい技術なのです。

気配りは才能やセンスではありません。次のポイントに従って、スキルを磨いていけば誰でも気配りの達人になれます。「リッツで働けば、みんな気配りの達人になれる」ことを考えれば納得できますね。

はじめは基本に沿って、基本を確実にできるようにする。するとだんだんコツがつかめ、どんどん気配り上手になれる。臨機応変に対応できるようになれます。

気配りの基本公式は、「観察し、気づき、行動する」です。

そして、観察するポイントは2つ。

① 彼に今、不足しているもの・足りないものは何？

② 彼が今、欲しがっているものは何？

STEP3でお話ししましたが、気を利かせたり、気配りをするために大切なマインドは、想像力を働かせて彼が欲していることを、行動で示すというものです。出発点を、彼を気配りでコントロールしようとするところへ持っていかないように。

たとえば、彼との食事が終わり、店を出たとします。すると、急に雨が降り出しました。彼は傘を持っていないようです。あなたは折りたたみ傘と普通の傘を持っています。

さて、どうしますか?

「雨降ってきたね。傘持ってる?」と確認した人。残念、努力しましょう。

「私、傘を2本持っているから、1本使う?」と傘を借りるか借りないか確認をとった人。こちらも残念。あと一歩ですね。

気配りできる人はこんなとき、さっと傘を差して「これ使って」と彼に渡します。そして、自分は折りたたみ傘を出して、差すのです。

「傘持ってる?」と聞いた場合、「持っている」「持っていない」と彼が返事をします。彼が傘を持っていればいいですが、持っていない場合には、また次のステップが必要です。

文章を読んでいるだけでも、まどろっこしくないですか？　その上、気配りでなく、単なる「急な雨への対処行動」になっています。

■「してほしいこと」を一瞬で読み取ろう

足りないものを見つけたら、確認せず、差し出す。必要なければ、必要ないでいいのです。過剰かもしれませんが、マイナスにはなりません。

ＳＴＥＰ５のはじめに、男性は好きだと思う女性以外は減点法で見ている、とお話ししました。気配りしようとして、単なる対処行動になり、気配りできないと減点されては台無しですね。

昔、会社勤めの際にすごく気配りのできる女性がいて、実際とても人気者でした。彼女は、自分が先に帰った際に雨が降っていたりすると、残業している人たちに「雨が降り出しました」と一言メールを送るのです。

彼女は休憩にお茶を飲む際も、自分の分だけではなく、必ず「お茶欲しい人？」と声をかけて、他の人の分も淹《い》れて持ってきていました。

私が気配りをまったくできなかった頃、ちょうど彼に「自分の分だけではなく、俺の分もお茶を淹れて黙って持ってくるのが普通だろ」と怒られていたので、彼女のこの気配りには「なるほど」と思いました。

彼曰《いわ》く「たとえ俺はのどが渇いていなくても、淹れてきてくれたところに、俺のことを思っているんだな、本当にこいつ俺のことが好きなんだな、かわいいやつだなと思う」んだそうです。

足りないもの、欲しているものは何か、常に観察して、気づいたら、どんどん行動していく。

「こんなことしたら過剰かな。必要ないかな。した方がいいけど……」と悩んでいると、あっという間にタイミングがズレて意味がなくなります。

気配りだけで彼をつなぎ止めようとするのは、STEP3でお話ししたようにマイナスですが、臨機応変にタイミングよく、彼が欲しているものや足りないものをさっとフォローする態度は、少々過剰でもプラスになります。

気配りの達人は、その場その場で流れていく状況の中で、足りないものや欲しているものを満たすことができるのです。気配りとはその場に効くこと、すなわちタイミングが命。お笑いでいうところの、一瞬芸と覚えてくださいね。

気配りのセンスを磨くために、日常からこんなトレーニングをするといいですよ。

・トイレに入ったり、誰かの家にお邪魔したら、スリッパはそろえて出る
・会社などのトイレでトイレットペーパーがなくなりそうなら、新しいものを補充する
・洗面所で手を洗ったら、洗面台や周りにとんだ水しぶきをペーパーでふく

この行動を徹底すると、「次の人へ気を配る」つまり、まだ見ぬ次の人への想像力と思いやりの心が育てられます。すると、目の前の彼への気配りや行動も、何の抵抗もなく、すっとできるようになるのです。

自分にばかり目を向けていると、気配りのセンスは身につきません。こんな些細なことでも、普段いかに自分のことばかりに気を取られているかを痛感させられますよ。

愛してくれなきゃ、愛さない？

■「私のこと好き？　嫌い？」にとらわれない

恋愛に邪魔になるのは、「プライド」よりも「自分の利益」が先立つ考え方です。

実は、プライドはあっていいのです。

プライドが一切ないと、「私をぼろぞうきんのように扱ってください」と男性にメッセージを送ってしまい、「遊ばれる・貢がされる・暴力をふるわれる」といったことが起きやすくなってしまいます。

恋愛がうまくいかない人の中には、「好きだという気持ちを見せるなんて」「気配りするなんて」「彼の考えに合わせるなんて」という女性がいます。

そして、それをプライドのせいだと考えていますが、実はプライドというより、「拒絶されるのが嫌」「自分が楽して愛されたい」という気持ちの方が強く邪魔をして、このような考え方に至っているのです。

プライドは、「この私が、なぜあなたに先に頭を下げなくちゃいけないの」「先に愛してよ」という優越の欲求からくるもの。プライドが高い人は、女王様のように君臨するタイプが好き、という男性のニーズがあるので何とかなります。

それよりも、「拒絶されない」「最小限の努力で愛される」という自分の利益が保証されなくては彼に寄り添えない、という気持ちの方がやっかいなのです。

前項で説明しましたが、私たちはお互いに、3つの情報が満たされてはじめて、相手について興味を示しました。

あなたが、目の前の彼から愛されたいならば、このしくみを逆手にとって、先にどんどん3つの情報を満たしてあげれば、それだけ早くあなた自身に興味を持ってもらえます。

あなたが3つの情報を集めることに躍起になっていると、つまり自分の利益の保証を見つけることに躍起になっていると、2つの意味であなたにはマイナスです。

1つめは、前述したように、彼があなた本来の魅力に目を向けるまでの時間が長くなること。

2つめは、あなた自身が彼本来の人物像を見極めるまでに時間がかかること。

心理学の研究では、「性善説」よりも「性悪説」をとる人の方が、だまされやすいという結果があります。

「性悪説」でいると、常に信用できない情報を集めているので、「重大なマイナスな情報」を得ても、他のマイナスな情報と同等に扱ってしまい、だまされてしまうことが多いのだそうです。

一見すると「性善説」でいると、「人はみんないい人」と思っているので、だまされやすいのではないかと思いますよね。実は逆なのです。

「性善説」でいると「重大なマイナスの情報」に敏感に反応して、早い段階で相手を信頼できるかできないかを見極めることができ、結果、だまされずに済むのです。

ですから、あなたが、彼も私に好意がありそうだけれどどうなのかしらと、確認に時間をとっていると、その先の本当に見なければいけない、彼がどんな人物でどんな日常生活を送っているかという、本来重要な情報集めに時間を割けなくなるのです。

こんな点からも、「いいな」と思う彼がいたら、どんどん彼の世界に寄り添って無条件に彼の存在や価値を認めていくと、いつのまにか彼ができてしまうのです。

■「好き」を伝えることは、〝負け〟でも〝損〟でもない

STEP1でもお話ししましたが、「拒絶」を恐れる気持ちを乗り超えるのは、勇気のいることです。しかし、「相手」に目を向けて、「相手」に集中していれば、不思議と拒絶は怖くなくなります。

相手に集中するということは、相手を尊重するということですね。すると彼が自分を受け入れることも彼が自分を受け入れないことも、どちらも彼には決める権利があると認められるのです。

さらに、彼が自分を受け入れなくても、それは自分に魅力がないからではないと、自分の権利も尊重できる思考になれるのです。

私は、ホステス時代、売れない頃は特に、お客様に同伴や来店の営業をする電話やメールがとても億劫《おっくう》でした。断られるたびに、自分を否定されたような気持ちになり、どんどん辛くなるのです。

すると、だんだん自分の方にばかり注意が向いてくるので、お客様に気を配れなくなります。自分が同伴をとりたい、売上を上げたいという心ばかりが前面に出て

きてしまい、とても自分本位な営業になります。もうおわかりですね。完全に悪循環のループで、どんどんお客様の心は離れていきます。

あるとき、恋愛小説で有名な作家先生がこんな話をしてくださり、目が覚めました。

「僕はね、モテるって言われているけれど、モテてなんかいないよ。僕はすべての女性に声をかけているんだ。100人に声をかけたら、1人くらいは振り向いてくれるでしょ。たくさん声をかけているから、その奇跡の1人がたまってモテてるように見えるんだ。それに、断られたって『キレイだね』とか『好きだよ』って声をかけるのっていいことじゃない？　『好きだよ』って言って何か損することある？　相手は気分がいいわけだから、それでいいじゃない。損得じゃないよ」

実際の恋愛ではなく、仕事としてはじめたことでしたが、自分から相手を好きになる、そして好意を見せることに徹しているうちに、もう1つ気づいたことがあります。

それは、自分の利益優先で「愛をケチっていたこと」です。**「愛してくれなきゃ、愛さない」。それでは、愛されるわけもありませんね。**

プライベートの恋愛でも、「彼が私に何をしてくれたから」ではなく、「彼が望むこと」を積極的に行動に移すように徹しました。すると、「愛される」ことを望んでいたときはしてもらえなかったことを、彼が積極的にしてくれるようになりました。

たとえば、2週間くらい間があいた後に、「今回は2週間ほったらかしにしてしまったから、明日も会おう」と言ってくれたり、遅刻しそうだと連絡をすると、以前なら機嫌が悪くなっていたのに、「ゆっくりおいで。いつまでも待ってるから」と優しい返事が来たり。

「自分が先に心を開く」ことに専念してみましょう。あなたの一番欲しい「彼から愛される幸せ」を得ることができますよ。

一途な女を脱ぎ捨てよう

■モテそうにしている女がモテる

最後は秘策です。このオーラをまとっていれば、彼氏をつくることなど、もう問題ではなくなります。

そのオーラをまとうために、「一途《いちず》な女」を捨てましょう。

夜の世界は男女関係の縮図といっても過言ではありません。私が一流のホステスを目指して努力しているときに、暗記していた35カ条がありました。これはホストクラブ「愛」の愛田武社長が書かれた本にあったホスト向けの35カ条なのですが、水商売をする上で、いえ、仕事で人生で、とても重要なことが凝縮されています。

その中に「モテるところを演技しろ、周りが勝手に宣伝してくれる」（『ホスト王・愛田流　天下無敵の経営術』河出書房新社）というくだりがあります。

行列のできるラーメン屋には自然とお客様が集まってくるように、人気があるように見えるホステスには、お客様が自然と集まってきます。人が人を呼ぶのです。とはいっても、はじめは皆、お客様などいませんから、人気があるように見せる、つまり演技することが大切なのです。ＳＴＥＰ１のシナリオのお話を思い出してください。

水商売や飲食店などの商売に限ったことではありません。意中の彼のハートを射止めるためには、まずあなたが「男性に人気がある女の子」である演技をするのです。

人は単純なもので、自分がとりたてて「いい」と思っていない女性でも、周囲の評判がよかったり、チヤホヤされている様子を見ると、勝手にいい勘違いをしてくれます。「あの子、いいかもしれない」と錯覚するのです。

■モテを演出するのが効果的

一途な女は、「失敗したくない」「１本の矢で成功させよう」と気合いが入っている分、怖いのです。また、つきあう前から脇目もふらず「一途」であるとわかると、男性には安心しすぎてつまらない。何より「重い」と受け取られてしまいます。

私たち女性から見るときでも、「いい人どまり」な男性っていますよね。浮気しなくて、一途に愛してくれる彼がいいと求めつつも、最初から「100%保証された相手」には恋愛感情はわかないでしょう？

恋愛感情の成分は「ドキドキ感」ですから、女性の場合の「一途」と男性の「生まじめさ」は、恋にたどり着かないのです。

女性の「一途」は、獲得できるのが目に見えているので、男性の獲得意識に火がつきません。それどころか、つきあったら「自分一直線で面倒くさいだろうな」という想像の方が先に立ち、「やめておこう」というレベルでも、「やめておこう」と判断されます。

「やめておこう」というレベルでも、気にとめてもらえればまだマシ。チヤホヤされなかったり、評判が立たないということは、男性陣にはあなたが存在していないに等しいのです。

ＳＴＥＰ１でお話しした「愛され慣れ」しておくことは、こんな点からも大切なのです。重くならない・飽きられない程度の「一途な女」は、つきあってから見せればいいこと。まずは、自分がここに「魅力的な女として存在していますよ」と演出するのです。

職場やバイト先・サークルで、男性と積極的に会話していく。男性ウケのいい女友達とつるんで、男性と交流する時間を多くする。気配り行動で、あなたの所属する集団での評判を上げる、などなど。できることから一つひとつでいいのです。多少のモテ感を演出してください。

ポイントは「モテ感」です。少し評判が上がったら、つまりあなたの存在感が出てきたら、それ以上見せつけることはやめましょう。やりすぎると、STEP4でお話しした勘違いの意外性になってしまいます。

モテ癖をつけると、さらにいいことがあります。それは男性からも女性からも注目される機会が増えるので、自動的にキレイになれるのです。

タレントさんでも、デビューしたてはたいしたことなかったのに、テレビや雑誌・イベントなど、不特定多数の人から見られる仕事を多くこなしているうちに、みるみるキレイになって、垢抜けていきますよね。

あなたもモテを演出するだけで、自動的にキレイになれるのです。他人の目を意識するので、いろいろと気を配れるようになるのですね。

これは多少、自分に意識が向いていますが、他人のウケをよくするために、あえてそうして、自分を磨くという行動です。ですから、どんどん自分を磨いてください。

実際にモテてなくていいのです。モテを演出してくださいね。モテる女のシナリオを書き、主演女優を演じるのです。気分も盛り上がり、表情も自然と明るくなるはず。

「一途な女」のキャラを脱ぎ捨てて、彼をつくるための「モテ・オーラ」をまといましょう。

STEP 6

この会話で「いつも一緒にいたい女」になれる

ゼッタイにどんな会話でも盛り上がるルール

■「彼の話したいこと」に耳を傾けて

ＳＴＥＰ１で恋愛への恐れを取り除きながら「感情力」をつけ、ＳＴＥＰ２で自分が愛される価値のある女性だと表現する「表現力」、さらにＳＴＥＰ３では男性の心をちょっとだけのぞいて「理解力」を磨きました。そしてＳＴＥＰ４と５では、大好きな彼の心を射止めるために「雰囲気力」「表現力」を身につけましたね。

いよいよ最後のＳＴＥＰ６では、大好きな彼との関係を深めるために「会話力」を高める技術についてお話しします。「会話力」は、彼のためだけでなく、あなたが理想の彼を見つけるためにも役立ちます。

恋愛下手な女性の多くは、とても慎重に見えて、重要なところで相手についての情報を得ることができず、思わぬ男性と恋愛関係になって、傷つくことが多々あります。

STEP5でお話ししたように、恋に臆病になって、男性を怖がっていると、大事なときに彼のマイナスの情報を見落とします。これでは本末転倒ですね。

心を開いて、彼に寄り添って、受け入れて、その先に彼から愛されて、幸せな恋愛をするあなたがいます。あなたが先に彼を無条件に認めれば、彼の愛は得られるのです。

ですが、最終決断をするときには、あなたも彼のことを判断しましょう。会話を盛り上げるのは、彼に寄り添うことでもあり、彼についての情報をあなたが得て判断するためでもあります。このことを忘れずに。

さて、彼との会話を盛り上げるためにすることは、ただ1つ。ここまで読んできたあなたは、何をすればいいか、もうおわかりですね。

彼の世界に寄り添うために、彼の話したい話題で会話を続けます。

あなたの話題ではなく、彼が話したいことで、会話を盛り上げる技術を身につけましょう。

たとえば、彼がこんな話をしてくれたとします。

「先週の日曜日、久しぶりに時間ができたから、車で高速を飛ばしてきたんだ。僕のストレス解消は車を走らせることなんだ。中でもタイヤにこだわっていて、走る道路に合わせて、タイヤを付け替えるんだ。日曜日は東北道に合わせて、タイヤを付け替えて、いやぁもう気持ちよかったな。タイヤと道路がぴったりフィットしていて、あの感覚ってなんていうのかな。最高なんだ。道路と会話している感じ」

たぶん、車とタイヤの話が出てきたところで、つまらない。ついていけない。知らないし、と躊躇したのではないでしょうか?

これは実際、私がある男性とのデートで一瞬閉口してしまった会話です。話を聞くプロの私でも、こういった話題にはついていけないとあきらめてしまいそうになることがあります。

この本を読んでいるあなたは、このようなまったく知識のない話でも慌てないで。こんなとき、役に立つのは話を構造的に理解していくこと。つまらなくても、話の3要素に注目して会話の構造を把握しながら聞いてみましょう。彼の話したいことで会話を続けるポイントが見つかります。

■興味がない話題でも「3要素」でつながれる

人の話は、次の3つの要素から構成されているといわれています。

経験　自分に起こった出来事
行動　何かしたこと・しそこなったこと
感情　経験・行動の原因となった感情／経験・行動の結果、起こった感情

彼の話を分析してみましょう。

経験「先週の日曜日、久しぶりに時間ができた」
「タイヤと道路がぴったりフィットした感覚を味わった」
「道路と会話している感じ」
行動「車で高速を飛ばした」
「タイヤを東北道に合わせて付け替えた」
「車を走らせストレス解消をした」

感情「気持ちよかった」
「最高」

実際の会話は流れていきますから、「興味ないな」「わからないな」と思っている間にどんどん彼が何を話しているのかついていけなくなり、さらに「どうしよう！ いい切り返しができない」と焦り、上の空になってしまいます。

そんな悪循環を避けるためにも、まずは彼の「経験は？」「行動は？」「感情は？」と、3要素を中心に話を聞いて、理解することに集中しましょう。

3要素をすべて把握できるように、集中力を切らすことなく話を聞いたら、次は彼が重要視していることは何かを見つけます。

それでは質問です。あなたは、この彼が一番話したいことは何だと思いますか？

「車を走らせて、ストレス解消したこと」

「車を走らせるのが好きなこと」

そんな答えが思い浮かんだのではないでしょうか？ これが普通の人の聞き方。

私たちは今、プロフェッショナルの聞き方を身につけてます。そこで話の3要素とさらにあるポイントに注目して、彼が本当に話したいことを見つけましょう。

それは、「繰り返されている言葉」です。

この彼なら1位「タイヤ」4回。2位「道路」3回。車を走らせることよりも「タイヤ」や「道路」が重要なのです。

彼の話を聞きながら、だいたい「タイヤ」と「道路」の関係についてが彼にとって重要なんだなぁとアタリがつけられれば、まずは第1段階OK。

ここで、早急に会話を盛り上げようと焦ってはいけません。アタリをつけながら、まだ彼の話を分析するポイントがあります。

そこで、この段階では、まず、彼の話を要約して返しましょう。「私、あなたの話をここまではちゃんと理解できているよね」というメッセージを送って、彼にあなたが自分の話を理解しているのだと安心してもらいます。

「日曜日にストレス解消のために、東北道に合わせたタイヤを付けて、走ってきたんだね。タイヤと道路が会話している感じがすごく気持ちよかったんだね!」

彼の経験・行動・感情と重要ポイントの4つを盛り込んで要約して返します。これで、彼は「よし、ここまではわかったんだな。僕の話に興味を持ってくれているんだ。それじゃあ、続きを話そう」と、話す気分が盛り上がります。

まずは、ここまでできるようになりましょう。流れていく会話を、3要素と繰り返される言葉に注意して聞き、要約してみるのです。

特別何もしていないのに、これだけでも、「会話上手」「俺のことわかってくれている」と好かれてしまいますよ。

たった1つの質問で距離は一気に縮まる

■話題を掘り下げてみよう！

さて、会話を盛り上げて彼の世界に寄り添うというのは実に単純です。話題を掘り下げるか横に広げるか。この2つのことをするだけなのです。

話の3要素と繰り返される言葉に注目して話を聞く。これは何をしていたかというと、彼が何を経験し、何を行動し、そのとき何を感じたかの出来事説明を、どんどん話したくなるように、会話を横に広げるポイントを探していたのです。

要約することで会話を広げましたから、今度は話題を深く掘り下げることで、さらに気持ちよく話してもらいたいですね。そのために、話題の6つの階層に注目して聞くという技術を身につけます。

私たちが普段考えていることは、次の6つの階層に分類できると考えられています。たとえば、私が「クラシック音楽」について考えていることを例に説明します。

こうして話題を掘り下げていこう
（下に行くほど思考が深くなっています）

階層レベル	内容	例（クラシックが好き）
環境	場所・時間・人などについての思考	「家でこだわりのオーディオ機器で聴く」 「オペラは劇場で観ることが好き」
行動	私たちがすること・考えること	「サントリーホールによく行きます」 「海外オケの公演は必ず聴きに行きます」 「常にいい公演がないかチェックしています」
能力	持っているスキル・資質・資格	「1000枚近くCDを持っています」 「数フレーズ聴いただけでバイオリニストが誰だか聞き分けられます」 「バイオリンが弾けます」
信念・価値観	行動の根本にあるもの。なぜその行動をするかの部分。大切にしていること	「作曲家が表現しようとしたこと、演奏家が表現していることを大切に聴きます」 「数百年の時を超えて、感動できるのでクラシックが好きです」
アイデンティティ	自分の存在を定義する使命の部分	「時代を超えて受け継がれた音楽を聴いて、今の自分の感情をリアルに感じ、自分がここに存在している実感がわくところに癒しがあります」
個人を超えた部分	家族・社会・地域社会・国・地球・宇宙といった分野	「生きていた時代も性別も国も人種も文化も違うのに、演奏を聴いて心が動かされるのって素敵。私たちはみんなつながっているし、理解し合えるって心から思えるところが好きです」

（ロバート・ディルツ博士による　ニューロロジカルレベル）

この表と照らし合わせて、彼がどの階層で話しているのか見つけます。P185の彼の話の重要ポイントはどの階層でしょうか？

「タイヤ」と「道路」が会話する感覚を味わうのが好きで、このあたりについて深く話したそうでした。とすると、「環境」について、深く掘り下げて会話を続けることができそうですね。どの道路とどんなタイヤがフィットするのか、聞き出すことができます。

「へぇ～、どんなタイヤが東北道に合うの？　ちなみに中央道には、どんなタイヤが合うとかあるの？」

■彼が話したい「重要ポイント」を攻略せよ

この6つの階層は表の下にいくに従って、思考の深さを表しています。深い部分まで、会話を掘り下げることができればできるほど、彼はあなたとわかり合えると感じます。

そこで、環境からちょっと進めて、彼の話したい重要ポイントから外れずに、能力の階層で質問をしてみましょう。

「タイヤと道路が対話する感覚って、実際どんな風に体に伝わってくるの？」

タイヤと道路が対話する感覚を感じる能力の話をするのですね。すると彼は、「タイヤ」と「道路」の両方について話すことができます。

さらに、「信念・価値観」の階層にも深められます。

「車を走らせる中でも、タイヤと道路のフィット感を大切にしているのはどんなところから？」

こう質問すると、車を走らせてストレス解消する以上の、もっと根本的な彼の話を聞くことができるでしょう。

こうして、タイヤのことも車のことも道路のことも何もわからなくても、彼が話したいポイントで会話を続けることができます。

ちなみに、私はこの男性と一気に親しくなろうと思い、「信念・価値観」で掘り下げてみました。

すると、「道路はその道を主に使う車の種類によって、微妙に削れ方が変わり、アスファルトの感じが変わるんだ。重い荷物を運ぶトラックが多い道路はアスファルトが薄くなっているんだよね。道路と対話すると、その地域の人の生活が伝わってくるんだ。ああ、みんな生きているのだなって。人の生活の息づかいを感じとって、そして何か癒されるんだ」と語ってくださいました。

そして、「ここまで、僕を理解してくれた人は今までいなかった。今日は気分いいなぁ。車を走らせた感覚に近いよ」と。

彼の世界に寄り添うには、下手な知識はいりません。何も知らない方が純粋に話を聞き、理解し、彼の話したいポイントで会話を続けることができます。

会話の6つの階層を意識して、なるべく深い階層まで会話を掘り下げて、彼の心をしっかりとつかんでくださいね。

もちろん、彼が話している階層で掘り下げることができるようになる……それでも十分すぎるくらいですよ。

彼の心をつかむ上手な聞き方

■うなずくにもコツがある

彼の世界に寄り添う準備を順々に整えてきましたから、STEP6はわりとスムーズに頭に入ってきているのではないでしょうか？　しかし、セミナーやカウンセリングをしていると、会話が苦手と感じている人は案外多いので、もしかすると、あなたも混乱しているかもしれませんね。

話の3要素や6つの階層が実行できない！　困った！　というあなたには、会話で彼の世界に寄り添っていることを一番簡単に伝える技術をお話しします。

私はこの技術だけで、人から好かれる会話上手になったようなものです。元来、人見知りで引っ込み思案、あまり口数が多くない方なので、どうしたら「しゃべらずに」会話を続けるかを追求していました。

私たちは自分の話を聞いてもらいたくて、さらに、聞いてもらうことで、自分がこの世界に存在していると確認していましたね。

人間本来の原理原則に従って、会話での交流を考えると、実は自分がしゃべるよりも、彼がしゃべることに同意する方が簡単に彼の心をつかむことができるのです。

あなたの話の続きが聞きたい。あなたの話に興味があります。あなたの考え方に同意します。……これらを満たす、とっても便利な技術は、「うなずき」と「あいづち」です。

まずは、一番簡単なうなずきから。うなずきは、相手の話の「、」や「。」のタイミングに頭を縦に振り下ろしましょう。「、」では「いち」と数えるくらいの速さ、「。」では「いーーち」と数えるくらいゆっくりと頭を振り下ろします。

うなずきは、言葉を発しないので、タイミングよくできれば、相手の話を遮《さえぎ》らず、会話にリズムをつけることが簡単にできます。

彼は、テンポよく語り、気持ちよくなって、どんどん話してくれます。その上、縦に振り下ろしているので、視覚的にも「同意している」ことが伝わり、「自分の話を理解しているのだな」「自分と同じ考え方なんだな」「自分ってOKなんだな」と一気に心が満たされます。

STEP5でお話しした、3つの情報のうち「証拠」と「相性」の情報提供にもなります。一言も言葉を発しないのに、とっても強力なのですよ。

■お手本はニュース番組

このうなずきも、あまりに当たり前で皆さん、自分はできていると見逃してしまいますが、セミナーやカウンセリングで指導してきた私から見れば、実は一番できていない技術です。

特に「うんうん」と聞いているつもりなのに、「聞いている？」「興味ないかな」「つまらなそうだね」と言われる、彼がころころ話題を変える、だんだん彼の話すテンポが悪くなって、間が開くような人は要注意。実は会話のプロの水商売の世界でも、案外できていない人が多いのです。ただし、やはり大物ママや№1クラスになると、しっかりできています。

では、あなたは何に注意すれば満点のうなずきになるのでしょうか？

それは、タイミングとうなずきの大きさです。まず、「、」や「。」のタイミングをきちんと見計らうこと。実は、これはとても注意深く彼の話を聞いていないと、なかなかタイミングよくうなずくことが難しいので、案外皆できていないのです。

練習するには、NHKのニュース番組を利用します。NHKは正しい日本語の話し方の基準（イントネーション、句読点の間合い）とされています。ですから、句読点のタイミングを耳から聞き取る訓練をするのにはとても有効。

実は、私たちも小学校の国語の授業で習っているのですが、「、」「。」では間合いをとる時間を使い分けるきまりがあります。「、」は1秒。「。」は3秒。ニュースを聞きながら、タイミングをとる練習をします。

実際の会話では、私たちは意識して間合いをとりませんから、わかりづらいですが、間合いをとり慣れてくると自然とできるようになります。

うなずきは、彼が話しやすくなるようにリズムをつけるもの。うなずくタイミングに命をかけましょう。

タイミングを見計らえるようになったら、次はうなずきの大きさ。自分ではうなずいていると思っていても、彼からするとかすかに頭が動いたくらいにしか見えません。これが現実です。

そこで、頭を振り下ろすという感覚を身につけましょう。NHK・Eテレの「おかあさんといっしょ」のうたのお姉さんのうなずきを、一度見てみるといいですよ。このお姉さんぐらいのアクションで、はじめて相手に伝わります。

鏡を用意して、ニュースを聞きながら、うなずいてみてください。50メートル先から見てもわかるくらい、大きくうなずけるようにします。

基本のうなずきに慣れたら、「へー」「はー」「ふーん」という声をうなずきに乗せていきます。これがあいづち。「、」のタイミングには短く、「。」には長く入れます。

カウンセラーはこの「へー」「はー」「ふーん」だけでも、数十種類のバリエーションを持っていて、相手の話を遮らずに、話をしてもらうように練習するくらいです。

慣れてきたら、「それから、それから」「どうなったの?」と、積極的に続きを促すようなあいづちを入れてもいいですよ。

■話さなくても好印象のワケ

言葉を発しなくても、会話は1時間でも2時間でも続けられます。私はとても気難しいお客様Tさんから身をもって学びました。
Tさんは、相手が言葉を発すると不機嫌になってしまいます。しかし、会話を続けることを要求されます。

Tさん「今日は、接待で50万円のワインを飲ませてきたよ。そこまでもてなす必要があったかなとも思うのだがね」
水希「50万円ですか。それだけ重要な接待だったのですね」
Tさん「君ね、失礼だね。人に質問するときは、質問してもよろしいですか？と了解を得るべきだろう。だいたい、重要か重要でないか、君にわかるのか？」

読んでいて、これではどうやって会話を続けたらいいのか、混乱しませんか？
実際お店では、誰もうまく会話することができません。店で難しいお客様を得意とするのは私しかいません。どうにかTさんを攻略してこいと、いつも席につけられます。

困り果てた私は開き直って、うなずきとあいづちだけで会話してみました。

Tさん「最近は不景気だから、実際会社が儲《もう》かっていても、派手に行動するとやっかまれるから、やりづらいんだよ」

水希（文末に大きくうなずく）

Tさん「まったく、きちんとやることをやれば、結果は出るのに。面倒だ」

水希（文末に大きくうなずく）

（＊以下、延々とこの繰り返し）

なんとびっくりしたことに、Tさんはどんどん上機嫌になっていくのです。会話が途切れても、自分から話題を一切提供せず、Tさんが話し出すのを、ひたすら待ちます。

最後にはとても気に入られ、同伴で野球観戦に行くことになりました。野球観戦中も移動中も一切発言せずに、うなずくだけ。口数が少ない私でも、さすがに4～5時間うなずいているだけですと、何か話したいと思うのです。

そのときに、ある大切なことに気づきました。それは、「いかに普段、自分が、自分の不安な気持ちを取り繕うために、会話で発言をしているか」ということです。

あなたに、5時間も話を聞き続けられるようになりましょう、とは言いません。私のこの気づきの部分だけを理解してくだされば OK です。

結局、話を盛り上げなきゃ、掘り下げなきゃ、いいことを言わなきゃと自分にベクトルが向いて、相手の話したいことだけを純粋に聞き取る耳がなくなっていたのです。そして、余計な一言を言って、話を遮ってしまう。

何か話さなくてはいけないという不安から自分を解放し、どこまでも相手にベクトルを向ける態度へ自然と導いてくれるのも、「うなずき」「あいづち」の威力です。

うなずき職人になって、男性の心をぎゅっと上品につかんでいきましょう。

放っておけなくなる「弱み」の言い方

■「好き」よりも彼を喜ばせる言葉

ここまで、会話力の基礎を身につけましたね。人としての根本的な欲求、「認めてもらいたい」を満たす技術でした。今度は、男性が特に望んでいる3大欲求（P78）を会話でも満たしていく技術です。

「承認」は、繰り返しになりますが、彼のことを無条件に認めること。無批判の気持ちで話を聞く態度をとります。アイデンティティや価値観の階層を重点的に認めていけると強力です。

「優越」は、彼が社会的にとても優れている人物だと、彼の能力や行動・価値観をわざと他人と比較してほめます。

もちろん、あなたより立派であり、素晴らしいというほめ言葉も効果があります。

この本を読んでいるあなたは、男性が社会的な生き物であることをも考慮して、社会的に見て「すごい」と言葉で伝えていきましょう。

「養育」は、ちょっと耳慣れない言葉ですね。これは、彼が援助してあなたを育てていくことで、彼が自分の存在価値や、他人への影響力を実感していくことです。ちょうど光源氏が紫の上を自分好みの女性に育て、愛したあの欲求です。

ですから、彼が「自分とつきあったから、あなたが素敵な女性に成長した」と思うように、向上していく姿を見せることが大切になります。あなたが向上したいと思っていることをどんどん相談し、成長していくと、彼はとても喜びます。

■彼の3大欲求を満たす「前向きダメトーク」

会話の中でどうやって、この3大欲求を満たしていけばいいのでしょうか？　これは簡単。彼があなたに興味を持って、あなたについての質問をしてきたら、「前向きダメトーク」をしましょう。

私たちはどうしても、彼に好かれたいと思って自分をよく見せようとします。自然にしていると、人は「英語ができる」「掃除が得意」「お料理が趣味」「ワインに凝っている」「仕事でチームリーダーになった」「企画が成功した」などという話をしてしまいます。

ですから、こちらを8割くらいにして、あとの2割を自分の弱いところ、ダメなところを話すようにしてください。ただし、自分がいかにダメな人物であるかといった単純なダメトークでは、彼にひかれてしまうことも。

ダメな部分をどうにか克服して、よくしていきたいのだけれど、というような「前向きダメトーク」にしましょう。

銀座では、お客様つまり男性の心をつかまなければ仕事になりません。男性の心を効率よくつかむために、自分なりのストーリーをつくります。架空ではなく、本当であることがほとんどですが。

たとえば私は、「うつ病」発症から会社を辞め、ホステスの世界へ転身した当初、こんなストーリーを話していました。

「実は私〝うつ〟で会社を辞めたのです。本当は自宅療養してなくちゃいけない期間なのですけど、ひとり家にこもっていると逆に不安で。人と接したくて、たくさん人と接する仕事はなんだろうと考えたら、ホステスだったのです。今は、うつの治療と、ホステスとして一人前になって、コミュニケーション上手になることが目標なんです」

まず、「うつである」という自分の打ち明け話をします。それだけだと、ひかれてしまうので、後半で「一人前のホステスになること」「コミュニケーション上手になること」など前向きな目標でバランスをとる。こうすると、お客様はこんな風に感じるのです。

「こんな個人的な話までしてくれるなんて、俺は人として認められているんだな（承認）、よし水希がうまくいくように（優越・養育）、何かいいサポートをしてあげよう（優越・養育）」

前向きダメトークはこうして、3大欲求をすべて満たすのです。

たとえば、モテる子が使っていた前向きダメトークを紹介しますね。

「実は引っ込み思案で、職場の雑談の輪に入れないの。本当は、みんなと楽しく雑談したいんだけど。だから自分を変えたくて、この間コミュニケーションの講座に出てみたの。ひろし君みたいになりたいんだけど、私どうしたらいいかな？」

「私すごく緊張しやすくて、人前で話すの苦手なの。声が小さくなっちゃうし、震えてしまうの。でも、あこがれのK先輩のようにプレゼンができるようになりたくて、訓練できないかと考えてるんだけど、何かいい方法知っていたら、教えて？」

男性はこんな話を聞くと、何かしてあげたくてうずうず、「そばについていてやらないと」のスイッチが入ります。

あなたも自分の弱みをプラスにしようと、頑張っている話を時々織り交ぜてみてくださいね。特に、男性から「お前は1人で大丈夫なタイプだな」と言われる人は、意図して「1人ではできないこともある」とアピールしましょう。

具体的には、仕事の相談をし、アドバイスを求めます。といっても「すべてできない」という丸投げ相談はNG。自分ではここまで考えたけど、この先をどうしたらいいのか悩んでいる、という形で相談します。

そして後日必ず、「こないだの仕事の案件、あなたのアドバイスの通りしたら、とてもうまくいったの。ありがとう。あなたに相談してよかった。これからも相談していいかしら？」と、お礼でも3大欲求を満たしましょう。

他には、失敗談も前向きダメトークの変形として使うことができます。こんな感じです。

「先週、急に接待についていくことになったの。はじめて料亭に行ったのだけど、私『箸使いがなってない』って、取引先の部長に怒られちゃった。今、一念発起して箸の持ち方を練習しているの」

前向きダメトークで「彼氏に立候補するぞ」スイッチをONにする、と覚えてね。

たった一言で男は心地よくなる！

■ほめ言葉はケチらない

男はとにかく素直な女が好き。従順でもなく、おとなしいでもなく、かわいいでもなく、素直な女です。

突然ですが、あなたは素直ですか？　素直さがあるかないかは、恋愛だけでなく人生の質にも格差をもたらします。

これからお話しする「ほめる」という技術。素直さのあるなしに、とても左右されます。あなたが素直な女なら、男性をほめることなど簡単です。もし素直でないなら、きっとほめることが難しいと感じるでしょう。

「すごい」というたった一言で、男性の3大欲求のうち「承認」「優越」を満たす技術を紹介します。「すごい」のたった一言ですから、ちょっとした工夫をします。

銀座のお客様は、自分のすごさを認められたいがために来られます。あなたが透明人間になって、クラブの席について会話に耳を澄ますと「すごい」という言葉を、あなたが生活する中で数えたことがないくらい多く耳にすることになるでしょう。ちょうど普通の会話で、あなたが相手の話を「うん」と言いながら聞く回数と同じくらいです。

お客様は、来店するだけでほめられたりします。久しぶりのお客様が来店されると、こんな会話からはじまります。

お客様「お〜！　久しぶり〜。お前たち元気だったか？　今日は空《す》いてるなぁ」
ママ「（来てくれて）えらい！」
お客様「来るだけでほめられるなんて、気分いいなぁ」

よくある銀座の風景は、こんな感じです。

お客様「ゴルフで今日はいいスコアだったよ。その上、優勝したぞ」
水希「すごい。おめでとうございます」
お客様「今日は調子よかったよ。移動にカートを使わなかったからかな」
水希「え〜、すごい。歩きで回られたんですか？」

お客様「そうだよ。運動にならないじゃないか。その代わりビールがうまかったけどね。ま、いっか」

水希「さすがですね。体調管理もしっかりされて」

読んでいて、なんでいちいち「えらい」「すごい」「さすが」とつけなくてはいけないのかと思ったあなた、危険です。その思いが「素直」じゃないのです。

私も、はじめはそうでした。あんまり「すごい」を多用すると、おべっかやお世辞、ごますりにならないかしら。なんだかこびへつらっているようで嫌だなぁ……というのが、銀座でお席についた最初の感想でした。

あるとき、ママから「水希は素直じゃない。素直に相手の喜びや虚栄心を満たしてあげればいいじゃない。頭は必要ないの。心を動かしなさい。お客様は男性よ、男性は素直が一番好きなのよ。お客様が喜ぶことを素直に満たしてあげればいいじゃない」。

ハッと目が覚めました。自分で相手の話をたいしたことないとか、ほめるほどの価値がないなどと判断して、悪く言えば見下していたのだと。

気づいてからは、とにかく「ほめ言葉」を会話の中で多用しました。ほめ言葉が自然に出るようになるにつれ、自分が素直にお客様や彼のすべてを認められるようになっていることを実感しました。

■「はい」の代わりに「すごい」が効く

言い慣れないうちは、まずは多用することで言い慣れる。これが第一歩です。そのために、あいづちのタイミングで「すごい」「さすが」を入れていきましょう。

あいづちは、前々項でお話ししたように、それだけで相手を認める効果がありました。「うん」「はい」の代わりに、「すごい」「さすが」を使えば、言葉とうなずきで効力は2乗になります。

会話が進んできて、「そういえばさっきの話だけど、すごいね」では、しらじらしいですね。その場で言うからこそ、心からほめていることが彼に伝わるのです。

「すごい」「さすが」を意識しなくても言えるようになったら、あともう一工夫です。男性は社会的な生き物でしたね。社会的にすごいのだと満たしてあげましょう。

「すごい」だけでは、「何がすごいの？」と男性は思います。そこで、その根拠を示してあげるのです。

コツは、「すごい＋根拠」のほめフレーズです。

ほめることを意識しないで会話をすると、こんな近況報告になります。

彼「今度の上司、ワインが好きでさ。俺、興味ないんだけど、ワインのセミナーに行ってみたんだ。ちょっとだけワイン好きになったかな」

あなた「へ～、ワインのセミナー行ったんだ」

彼「水希はワイン好き？」

しかし、ほめることを意識して会話しようとすると、こうなります。

彼「今度の上司、ワインが好きでさ。俺、興味ないんだけど、ワインのセミナーに行ってみたんだ。ちょっとだけワイン好きになったかな」

水希「すごいね。部長とうまくやるために、ワインの勉強に行ったの？　仕事にも男としても前向きで素敵～。ワインのこと私にも教えて」

彼「うん、今の仕事すごく楽しいんだ。今度の部長はとても仕事のできる人だから、教えてもらいたくてね。水希とのデートにも役立つかなとも思ったんだよ」

彼は自分が認められた上に、ほめられて得意になり、さらに詳しく自分の話をしようとします。ほめると彼の話したいことで会話を続けられるという利点もあるのです。

何はなくともほめて、彼の話したいポイントで会話を盛り上げ続けていきましょう。

彼の心に届く魔性のほめ言葉

■ぐっとくるのは予想外だったから

「一見まじめに見えるけど、楽しくてノリがいいね」

「手強《てごわ》そうに見えたけど、無邪気なんだね」

「マイペースなのかと思ったら、きめの細かい気遣いのできる人なんだね」

このように言われたら、「えっ？　案外、私のことよくわかっている人だなぁ」と、「この人なら大丈夫かも」と思わず相手を信頼してしまいませんか？

私たちは普段、人から一面的に評価されて、「本来の私が認められない」「私って本当はこういう人なのに」「私をわかってくれる人っていないな」と多かれ少なかれ傷ついたり、寂しい思いをしているものです。

人はとても多面的な生き物。１つの角度から相手を「まじめ」「こわい」「しっかりしている」「弱い」「自分勝手」「優しい」「冷たい」と決めつけるのは、とても乱雑に人に接しているようなもの。

冒頭の一言が心に響くのも、自分の違う一面をきちんと見てくれている人が、普段あまり周囲にいないからなのです。

前項では、会話の中で話された彼の行動や経験の面から、彼をほめました。話題の6つの階層で考えると、「環境」「行動」「能力」といったポイントでのほめ言葉です。

6つの階層では、階層が下にいくに従って、人間の深い部分に呼応していましたね。この考え方を利用して、魔性のほめ言葉をマスターしましょう。

彼の「信念・価値観」「アイデンティティ」に響く、ほめ言葉です。

このほめ言葉が言えるようになれば、10回「すごい」とほめるよりも、彼の心をとりこにすることができます。まさに、魔性の女のほめ言葉。

ほめ慣れていないと犯してしまう失敗と比較して、覚えていきましょう。

外見がいい男性に「かっこいいですね」「モテますよね」。

頭のいい男性に「頭がいいですね」。

スポーツ万能の男性に「運動神経がいいですね」。

ほめたつもりが怒らせてしまった、というときにありがちな例です。

どうしてこんな失敗をするのでしょうか？　冒頭のフレーズと比較して考えてみてください。

答えは、見たままをほめようとするからですね。

■「○○に見えるけど□□なんだね」

Ｐ２１４の冒頭に紹介したフレーズが、私たちの心をくすぐるのは、表面に現れている、どちらかというとコンプレックスに感じている部分と正反対の面が、自分にあると見つけてくれているからなのです。

まじめな人だったら、くだけた面もあることを認められたいと思っているし、気の強いことが気になっている人だったら、弱い面も見てもらいたいですね。表面とは裏腹なところをつくのです。

まさか、そこに気づいてくれるとは！　という予想外のポイントでほめるからこそ、認められている感覚が強くなります。

そして、見てくれる人がそうそういないからこそ、コイツしかいないと彼は思いはじめます。

STEP5でお話しした3つの情報（P162）のうち、好意の証拠と自分をどう見ているのかという評価の2つの情報を提供することもできます。

とはいっても、よく彼を見ていないと思いつかないし、難しいなぁと感じているかもしれませんね。大丈夫ですよ。誰でも言えるように秘密の公式をお教えします。

「（表面に現れている欠点）のように見えるけど、実は（欠点の真逆）なんだね」

「ゆうき君って、のんびりそうに見えるけど、実はしっかりしてるんだね」

「ゆうと君って、遊んでそうに見えるけど、まじめなんだね」

「はると君って、繊細なように見えるけど、強いんだね」

外見のいい男性には「すごく深いお話ができて、勉強になります」。

頭のいい男性には「さすが、遊び心も天才的」。

スポーツ万能の男性には「芸術（文化的側面）にも精通してるんですね」。

小悪魔な女性・魔性の女といわれる彼女は、実はこの公式を自然に使っているだけ。特別なことじゃないでしょ？　あなたもこれで魔性の女の仲間入りですね。

恋が芽生えるシチュエーションのしくみ

■思わずあなたに夢中になっちゃう会話とは

彼が熱く語り出したら、それは恋のチャンスです。なぜなら男性は、好きな女性と会話すると、相手に対して一方的に話をするようになります。

彼があまり話してくれない場合には、あきらめるしかないのかというと、そうではありません。恋に落ちるか落ちないかは、ほとんど根拠もなく、感情的な錯覚。ですから、彼が恋に落ちたかもしれないと錯覚するような会話をすればいいのです。

つまり、彼が一方的に話すという構図をつくるのです。

彼は一方的に話していると、無意識のうちに「これだけ彼女に話しているなんて、これは好きにちがいない」と錯覚し、あなたとつきあいたいなぁと恋心が芽生えるのです。

彼が熱く語る構図をつくるためもあって、STEP6では、彼がどんどん話しやすくなるような技術を紹介してきました。といっても男性の場合は、おしゃべりが下手な人も多いので、そんな人でもたくさん話してしまう技術をここでは紹介します。

実は、私は会話が苦手。どうにか自分が話さないで、お客様が一方的に話していてくれないかなぁといつも考えていました。おしゃべりなお客様は得意なのですが、寡黙なタイプだと会話にならず、気まずい雰囲気が流れることもたびたび。どうしたら寡黙なお客様にも話していただけるのか、しばらく悩んでいました。

相手を認め、相手が欲することを満たす。これが相手と良好な関係を築く基本でした。では、寡黙な人に話してもらうには、何の欲求を満たせばいいのでしょうか。

■寡黙な彼をおしゃべりにする方法

あるとき、Fさんというとても寡黙なお客様から同伴に誘われました。いつも2人で「沈黙を会話する」という感じだったので、お店の外で会話するなんてどうしたらいいんだろうと、胃の痛い思いをしながら出かけました。

Fさんが選んだのは、ワインの種類が多いという特徴を持ったお店。いつものように、2人でぽつり、ぽつりと会話をしながら、なんとなく盛り上がらない雰囲気でお食事がはじまりました。食前酒にシャンパンをいただいて、せっかくだからワインを飲もうとなったときに、Fさんに驚くべき変化が起きたのです。

Fさん「どんなワインが好きなの？」

水希「私、銘柄とかあまりわからないのですが、重めが好きです」

Fさん「そうか。実はね僕、ワインにはとても詳しいんだ。任せてくれるかな」

水希「もちろん。嬉しいです」

Fさん「これから出てくる料理に合うのがいいなぁ。そうだなぁ。○○とか……」

料理とワインの相性を延々と語り出したのです。私は「へ～」と言うだけ。うなずく暇もないくらい饒舌《じょうぜつ》なFさんの登場です。

お食事が終わるまでの2時間、Fさんの講演タイムが続きました。お食事を終え、店に向かう道すがら、Fさんから「いやぁ、前から水希ちゃんとは気が合うと思っていたけど、こんなに話せるなんて。本当に僕のこと気分よくさせるのがうまいね」と。私は返す言葉もなく、ほほえむだけでした。

寡黙な男性をもおしゃべりに変える「優越」の欲求の強さ。どんなに寡黙な人でも、自分の有能さは認められたいものです。

そして寡黙な男性は、わりと「専門的」な傾向にあります。興味の範囲が狭いので、幅広く会話ができない。気の利いたことも言えないし、次から次へと話題を変えるネタの範囲も狭く、結果的に寡黙になるのです。

その反面、Fさんのように、こだわっていることにヒットすれば、いくらでも話してくれます。というより、話したくて仕方ないのです。

以降は、仕事やプライベートを問わず、男性にはすぐに語らせるようにしました。私の場合は、好きになってもらうためというより、自分が話せないのでそうしたのですが。おしゃべりな男性も、寡黙な男性も楽しそうに語ってくれ、会話で満足してもらえるようになりました。

どうやってこだわりポイントを見つけたらいいの？　にもお答えします。

内面への手がかりがなければ、彼の持ち物や趣味など、外見から探しましょう。

男性の場合、持ち物ですと時計・靴・鞄・車・機械類にこだわっている場合が多いです。

「その時計、素敵ですね。普通のGショックとは違うみたいだけど」

ある程度内面の情報を得ている場合は、野球が好きなら野球の話を、サッカーならサッカー、仕事に没頭しているなら仕事、歴史通なら歴史と、彼が日頃語りたくてウズウズしているツボをついて、語ってもらいます。

語りたいツボを見つけられるかしら？　と思うかもしれませんね。ベクトルを彼に向けた話の聞き方をこれまでマスターしていますから、必ず見つけられます。大丈夫です。

彼のこだわりをついて、彼の恋心に火をつけて。

賢い女ほど「賢さ」を隠す

■「知ってること」は自分から言わない

男はプライドの生き物。プライドをくすぐりながら、3大欲求を満たすと、彼はあなたから離れられなくなります。

銀座には、お客様は手っ取り早く男のプライドを満たしに訪れます。ですから、ホステスがお客様より賢かったり、物事を知っているというのは絶対にNG。

銀座のホステスが、主要な新聞を全紙・総合週刊誌を数誌読んだり、英会話をマスターしたりするのは、自分の知性をひけらかすためではなく、お客様のプライドをくすぐるためです。

たとえば、今の首相が「安倍晋三さん」であると知らなければ、お客様が「今日は安倍さんと会食でね」と言ったとき、反応できませんね。「時の総理大臣と会食をするぐらいの人物なんだぞ」というお客様のアピールをスルーしてしまいます。

虚栄心を満たしてあげられないばかりか、プライドを傷つけてしまうのです。

しかし、知っていれば「えっ、安倍さんと会食ですか？」とアピールポイントに反応することができます。

わかりやすくするための安直なたとえですが、まずは知識を持っていないと、彼の3大欲求を満たそうにも満たせないのです。一流のホステスが勉強熱心なのは、すべてお客様を立てる、つまり3大欲求を満たすためという理由があるのです。

男性が好きな賢い女性というのは、賢さをストレートに表現する女性ではなく、賢さを使って、自分を立ててくれる女性です。

最年少でMBAをとっただの、東大を出ただの、「賢いんですよ」とアピールするのは、恋愛の場面ではとても愚かなこと。あなたの賢さは、男性を立てる方向で使っていきましょう。そのために、「知らないふり」をします。

■一歩後ろからリードする

まだ私が売れないホステスだった頃や、男性からなかなか恋愛対象として見られなかった頃、実は知識をひけらかす会話をしていました。

再三、ママから「お客様から『あの子は賢い』と言われたら、嫌われたも同然よ」と注意されながら、なかなか直せませんでした。しかし、カウンセリングの勉強をして「一歩後ろからリードする」という態度を習い、やっと具体的にどうすればいいのかわかりました。

カウンセリングでのカウンセラーの役割は、カウンセラーが答えを言うのではなく、混乱しているクライアントさんが答えを自分の口で言えるように、後ろから導いていくことにあります。

相談を聞いていると、カウンセラーは解決のプロですから、すぐにその人の方向性や解決策がわかります。しかし、私たち人間は自分の口から言ったこと、自分でこうだと思ったことしか行動に移しません。

実際、アドバイスをくださいと言われてアドバイスをしても、それを実行に移すクライアントさんはゼロに等しいくらいです。

アドバイスしたいなと思う内容を、クライアントさん自らが口にして、はじめて行動に移します。ですからカウンセラーは、専門知識を前面に振りかざして、クライアントさんをリードしません。あくまで、一歩後ろからリードするのです。

恋愛では、賢さを使って男性を立てていくことにつながります。こんな会話を心がけるといいですよ。

彼　「これからはバングラデシュの時代なんだ。中国はもうどんどん人件費が上がって、企業は軒並み工場を閉鎖しているんだ。インドも随分、人件費が上がってるからね」

あなた「へぇ〜。次はインドなのかと思っていた」

彼　「そうだろ。進んでいる企業は、もうバングラデシュに目をつけているんだよ。知らなかっただろう?」

「知らなかっただろう?」が彼の口から出たら大成功。

お気づきだとは思いますが、あなたも中国の人件費が上がっていることや、人件費が低いと言われている国についての知識がないと「次はインドなのかと思っていた」と返せないですね。

「知らなかっただろう?」と彼に言わせて、3大欲求を一気に満たしてください。

一歩後ろからリードすると、さらに「男に愛される女の10カ条」（P86）のうち「賢さ・品性・教養」「論理的である」「かわいげ」「自分の世界がある」の4つを満たします。

「男から愛される賢い女は、男のプライドを大切にできる女」と覚えてくださいね。

「話さなければいい女」を卒業しよう

■オチなし会話は百年の恋も冷める

男性は社会的な生き物。今度はそんな彼のために、会話にも社会性をそっとプラスする心配りをします。

これまでずっと、彼の話を聞く技術についてお話ししてきましたね。最後はあなたが話したいことを話すときの技術です。

男性同士のこんな会話を耳にしたことはありませんか？

「あの女優（モデル）は、しゃべらなければ、いい女なのになぁ」

どんなにうまく彼の話を聞くことができても、話し出したとたん幻滅されては台無しです。

一方、たいていの女性は「彼が話を聞いてくれない」「彼は私の話に興味がないみたい」と嘆いています。

男性は話し方にある工夫をするだけで、話を聞いてくれますし、興味を示して最後まで話に集中してくれます。さらに、あなたをいい女と認めてくれます。話し方の技術を身につけて、「話してもいい女・話を聞いてやりたい女」になりましょう。

男性は社会的な生き物ですから、話し方も聞き方も、つまり口も耳もビジネス仕様です。そんな彼の世界に寄り添うならば、やはりあなたも男性の前では、少し話し方をビジネス寄りにしていきましょう。

「話さなければいい女・話を聞きたくない女」の話し方は、たとえばこんな感じです。

「最近、憂鬱だね。雨も多いしね。忙しいしね。そうそう、こないだテレビ見てたら、今うつの人って多いんだってね。そりゃそうだよね。なんか先行き見えないし、どんな大きな会社でも絶対安全ってないもんね。なんか、つまんないよね。といっても、なんとなく会社に行きたくないわけじゃないだけどさ。こないだ、つまらないミスをしてね。なんか……」

こうして文字にすると「何が言いたいの？」と、あなたも思いませんか？

この会話は、実際にカフェで隣になったカップルの女性がしていたものです。ちょっと興味深かったので、しばらく観察していました。

彼は「こないだテレビ見てたら～」のあたりですでに興味を失って、アイスコーヒーをストローで途中まで吸っては戻しと遊びはじめます。彼女の話が一段落するまで、ずっと下を向いていました。

笑いごとではなく、女性は、オチのない話をだらだらと永遠に続ける傾向があります。オチがあったとしても、そのオチに至るまでの経緯を延々と話す人も多いですね。

男性は、オチのない話はどうしても耐えられないのです。

あなたはもしかしたら、仕事の最中はきちんと話すことができているのかもしれませんが、日常会話となると気が緩んで、前述の女性のような話をしているかもしれません。

私もついつい経緯をだらだらと話し、なかなか結論に至らないので、プライベートでは彼に集中して話を聞いてもらえないことがしょっちゅうです。

■通じ合えるのは「わかる」トーク

さて、あなたは大丈夫でしょうか？　これからする質問に答えてみてください。

「あなたはどうして今の仕事を選んだのですか？」

では、自分のタイプを見極めましょう。

タイプ①「接客の仕事に興味があったからです。なぜなら〜」

タイプ②「実は私人見知りで、気が利かなくて、それがずっとコンプレックスだったんです。それを克服したくて、人と積極的に関わる仕事につきたいなと思ったのが最初でした。そう思っていたら、父の仕事の関係で〜」

タイプ①の方は、そのままの話し方で十分。「話してもいい女・話を聞いてやりたい女」です。安心してください。

タイプ②のあなたは、彼と会話をするときはＰＲＥＰ法を心がけましょう。ＰＲＥＰ法とは下記の頭文字をとったビジネスでの論理的な話し方です。

Ｐｏｉｎｔ　ポイント・結論
Ｒｅａｓｏｎ　理由
Ｅｘａｍｐｌｅ　具体例・事例
Ｐｏｉｎｔ　ポイント・結論を繰り返す

先ほどのカフェの女性の話をＰＲＥＰ法で整理すると、こうなります。

・私は最近、会社に行くのが憂鬱です
・なぜなら、上司に怒られたからです
・つまらないミスを繰り返してしまったのです
・私は最近、会社に行くのが憂鬱です

通常の会話では、最後のＰｏｉｎｔ（結論を繰り返す）はなくてもいいでしょう。
「最近、会社に行くのが憂鬱なの。実は上司にガミガミ怒られて、それは私がつまらないミスを繰り返したからなんだけどね」

これなら、彼はきちんと最後まであなたの話を聞いていられます。聞くだけでなく、あなたに何が起きたのか、あなたがどんな気分なのか、きちんと理解することができます。

彼にベクトルを向けるとは、聞いたり、受け入れたりという受け身の態度だけでは不十分なのです。

もう一歩進んで、徹底的に彼にベクトルを向けると、自分が話をする側に回っても、話を聞く側の彼が理解しやすいようにと配慮することまでを含みます。

男性にはＰＲＥＰ法で論理的に話す。こんな些細なことで、男女は深く通じ合えるのです。簡単ですね。

「ＰＲＥＰ法でいい女」と覚えてくださいね。

おわりに――あなたが大好きな彼の隣にいることを願って

最後まで読んでくださってありがとうございました。

あなたに、素敵な恋愛をたくさんしてもらって、恋愛の甘美な幸せを味わってほしくて、ちょっとお話ししすぎたかもしれませんね。

「みんなに、あきらめないでって言いたいです。私が変われたんだから。たとえ絶望しても、生きてさえいれば、なんとかなるもの。人生って自分の望んだ通りになるんですね。先生！　まさか自分がこんなこと口にするとは（笑）」

あなたのように、はじめは「変われるのかなぁ」「私には絶対に無理」と強く思っていたクライアントさんが、なりたい自分に変身して、こんなメッセージをくれました。

彼女は4年間、うつの苦しみと失敗恐怖で身動きがとれず、絶望していました。今は、自分の夢に再挑戦する決意をし、人生を邁進《まいしん》しています。

私も絶望の7年間を送りました。私は生きる屍《しかばね》。死ねたらどんなに楽か。自殺未遂を繰り返し、自暴自棄な行動をとり続ける日々。それでも往生際の悪い私は、自分をあきらめきれず、試行錯誤。

その結果、今はホステスとしても成功し、心理カウンセラーとして独立開業。本を書き、恋愛も楽しめるようになりました。なりたい自分に常に変化しながら、人生をワクワク楽しんでいます。

絶望の7年、誰が今の私の姿を想像できたでしょうか。奇跡は起きるのです。だから、あなたも大丈夫。恋も仕事もなんだかパッとしないと思っていても、あきらめさえしなければ、必ず望み通りの恋も仕事も手に入れられます。

さあ、あなたも「たった1人の大切な彼から愛される」奇跡を起こしましょう。「ワクワク・ドキドキ・楽しい」と毎日過ごしていれば、いつのまにか大好きな彼の隣で、「ワクワク・ドキドキ・楽しい」と過ごしている奇跡が起きます。

たーくさんのお話をしましたが、一番大切なことを最後に。
恋は心でするもの。心を弾ませていれば、大丈夫！

塚越友子（水希）

本作品は、大和出版より2010年12月に刊行された『銀座No.1ホステス&心理カウンセラーが教える　モテようとしなくてもモテる女になれる本』を改題したものです。

水希（みずき）

本名、塚越友子。東京中央カウンセリング代表心理カウンセラー。スイス生まれ。東京女子大学大学院社会学修士号取得（社会心理学専攻）。卒業後、編集プロダクション、広報室長として働くも過労から内臓疾患をいくつも併発、薬の副作用をきっかけにうつを発症。カウンセリング治療を受けながら、比較的時間の融通がきく銀座ホステスの仕事を選ぶ。治療の際に体験した社会経験のないカウンセラーの対応に疑問を抱き、一念発起してカウンセラーの勉強を始めた途端、ホステスとしても開花。銀座の一流のお客様の社会に向かう姿勢から、男女問わず良好な人間関係を築くためのコツを見つけ出し、No.1に。現在は、大学院での専門性と銀座の経験から、エビデンスに基づいた患者の問題状況分析と具体的な行動指針を助言する独自のカウンセリング技法で解決率は94・7％。
主な著書には、『銀座No.1ホステスの心をつかむ話し方』（だいわ文庫）、『辞める前に読む！』（世界文化社）、『大好きな彼があなたと結婚したくなる本』（こう書房）などがある。

だいわ文庫

銀座《ぎんざ》No.1ホステスの上品《じょうひん》な好《す》かれ方《かた》

著者　水希《みずき》

二〇一六年四月一五日第一刷発行
二〇一九年七月二五日第八刷発行

発行者　佐藤　靖
発行所　大和《だいわ》書房
東京都文京区関口一―三三―四　〒一一二―〇〇一四
電話　〇三―三二〇三―四五一一

フォーマットデザイン　鈴木成一デザイン室
本文デザイン　松好那名(matt's work)
本文図版　朝日メディアインターナショナル
本文印刷　信毎書籍印刷
カバー印刷　山一印刷
製本　小泉製本

ISBN978-4-479-30586-6
乱丁本・落丁本はお取り替えいたします。
http://www.daiwashobo.co.jp